「生長の家」教団の平成30年史

――なぜ三代目総裁は教えを改竄《かいざん》したのか

はしがき

生長の家の創始者であり、釈迦、キリストを超えるとも称えられた大聖者にして大宗教家である谷口雅春先生は、昭和60年6月17日、天界へとご帰幽になられた。その悲しみの日から三十一年が経過した。その間、生長の家の教団の年史は一度として編纂されていない。『三十年史』『四十年史』『五十年史』(昭和55年11月22日発行)刊行以来、35年以上もの間、「生長の家の歴史」の叙述は為されていない。

それはなぜであるか。歴史を語れなかったからである。語りたくても語れない悲しみの歴史であり、谷口雅春先生への裏切りの歴史だったからである。

生長の家教団は、宗教史上、まことに希有な、信じがたい経過を経て今日に及んでいる。

一言で言えば、この「平成三十年史」は、谷口雅春先生のすべてを隠蔽する歴史であり、「天皇国日本否定」のための歴史であった。

その中心者は、言うまでもなく谷口雅宣現総裁である。生長の家の理事から始まり、副理事長、副総裁、総裁へと駆け上る過程でのこの人物の言動がいかなるものであったか、この人物の指示によっていかなる事態がもたらされたのか、『生長の家五十年史』以後の教団の「三十年史」は、この人物によって引き起こされた軌跡を追うことであった。

谷口雅宣氏の谷口雅春先生隠蔽工作は、平成4年前後に始まる谷口雅春先生の既刊聖典重版保留（事実上の絶版）と新刊聖典発行停止に始まり、平成26年11月21日の龍宮住吉本宮の御祭神・住吉大神隠し（他の三神との合祀をすることで実質的な住吉大神否定）にまで至る。

そして、もう一つの大きな柱である「天皇国日本否定」は、昭和58年の生長の家政治連合解体から始まって、遂に本年（平成28年）6月、事実上の〝日本共産党支持〟にまで至った。

生長の家教団は、本年6月9日付本部ホームページ上で全国の信徒に、〝今夏の参議院選挙に対する生長の家の方針「与党とその候補者を支持しない」〟として、次のように「通

達」した。（この文章は本文126～127頁にも引用されているが、敢えてここでも引用した）

「安倍政権は、旧態依然たる経済発展至上主義を掲げるだけでなく、一内閣による憲法解釈の変更で『集団的自衛権』を行使できるとする〝解釈改憲〟を強行し、国会での優勢を利用して11本の安全保障関連法案を一気に可決しました。これは、同政権の古い歴史認識に鑑みて、中国や韓国などの周辺諸国との軋轢《あつれき》を増し、平和共存の道から遠ざかる可能性を生んでいます。また、同政権は、民主政治が機能不全に陥った時代の日本社会を美化するような主張を行い、真実の報道によって政治をチェックすべき報道機関に対しては、政権に有利な方向に圧力を加える一方で、教科書の選定に深く介入するなど、国民の世論形成や青少年の思想形成にじわじわと影響力を及ぼしつつあります」

この文書は、明らかに谷口雅宣氏の抱懐する政治観であり、谷口雅宣氏の本性を遺憾なく現している。これは「安倍内閣打倒」の政治文書そのものである。さらに、同方針では続けて次のように語っている。

「安倍政権の背後には『日本会議』という元生長の家信者たちが深く関与する政治組織があり、現在の閣僚の八割が日本会議国会議員懇談会に所属しているといいます。これが真実であれば、創価学会を母体とする公明党以上に、同会議は安倍首相の政権運営に強大な影響を及ぼしている可能性があります」

ここに至って、谷口雅宣氏は、『日本会議の研究』（菅野完著、扶桑社刊）をテキストとして、徹底して「日本会議」を攻撃している。それは、「日本会議」にかこつけた谷口雅春先生批判でもある。谷口雅春先生の「愛国の思想」そのものを教団から排除したい、谷口雅宣氏が一貫して願ってきたのは、実はこれだったのである。

「谷口雅春先生隠蔽」と「天皇国日本否定」という二つの大きな軸を経巡《へめぐ》って今日の「生長の家」がある。この30年の歴史を俯瞰《ふかん》すれば、そのことが誰の眼にもはっきりと映るであろうと確信する。

平成28年8月1日

「生長の家」正史編纂委員会

「生長の家」教団の平成30年史　目次

第3部　年表解説　99

第1部　「谷口雅宣氏」という人物

1 『理想世界』誌に連載された歴史観

谷口雅宣氏は、平成2年から4年にかけて、『理想世界』誌（生長の家の青年信徒向けの月刊誌、日本教文社発行）に「ネットワーク考」を連載し、その中で、大東亜戦争は「侵略戦争」だったという見解をしめし、それが物議を醸《かも》し、信徒との論争に発展した。

この谷口雅宣氏の見解は、日本占領期間中のアメリカによる「大東亜戦争侵略論」を下敷きにした戦後の進歩的文化人と左翼運動家の歴史観とまったく同じであり、それは今日まで何ら修正、変更されていない。

それは教団による平成28年の日本共産党支持の声明文の中に、「私たちは、第二代総裁の谷口清超先生や谷口雅宣現総裁の指導にもとづき、時間をかけて教団の運動のあり方や歴史認識を見直し、間違いは正すとともに、時代の変化や要請に応えながら運動の形態と方法を変えてきました」と語っていることからも明らかであり、谷口雅宣氏自身の著書『信仰による平和の道』のなかでも、「生長の家は日本で『大東亜戦争』と呼んでいた戦争を〝正しい戦争〟とは考えていないのであります」(104頁)と主張している。ちなみに同書の中で、「生長の家は宗教であり、政治思想やイデオロギーではないので、〝焚書《ふんしょ》坑儒《こうじゅ》〟みたいなことはしません」(112頁)と述べながら、実際には谷口雅春先生の「大東亜戦争論」を説く聖典の相次ぐ絶版すなわち〝焚書坑儒〟を地で行っていた。

谷口雅春先生は「大東亜戦争」について色々の観点から述べられた。

「大東亜戦争なんかも、ただ一概にあれは悪い悪いと言う人がありますけれども、あの戦争は歴史的流れに於て、アジヤに対する白人帝国主義の侵略に対するアジヤ民族の抵抗のあらわれとして起るべくして起ったのであり、(中略)起るべくして起っているものを、日本民族の侵略だと言うのは間違《まちがい》なのであります」(『神ひとに語り給ふ』293〜294頁、原文は正漢字・歴史的仮名遣)

「摂理としてあらわれた地上天国実現の聖戦が、彼《か》の大東亜戦争であった」(『碧巌録解釋』前篇、211頁、原文は正漢字・歴史的仮名遣)

「戦争は、ひとりひとりの自己処罰では足りない時に、集団的自己処罰として起る場合と、高級霊が〝自己〟を滅して〝公け〟に殉ずるところの自己犠牲の行為を通して、普通の生活状態では到底達し得ない急速度の霊魂の浄化を得んがために起る場合とがあるが、大抵はその二つの原因が重複して起るのである。従って戦争には〝低い霊魂〟が互いに処罰し合う極めて残虐な悲惨な所行が各所で行われるのであるが、また他方には純潔な高級霊が、理想のために、〝公け〟のために、自己を犠牲にして『私』を顧みない崇高な精神の発露が行われるのである。前者の残虐な悲惨な面だけを説く人もあるが、高潔崇高な自己犠牲の行為を行う〝場〟として戦場が選ばれたということを看過《かんか》するのは片手落《かたておち》である」(『神 真理を告げ給う』64～65頁)

「日本の国難をすくわんとして、献身を行じた特攻隊その他の兵士たちを、全て一概に侵略に協力したもの……として攻撃する人もあるけれども、その人々の功罪は『結果』ばかりによって論ずべきではないのである。(中略)戦争の動機はどうあろうとも一粒の麦になって同胞愛のために生命捨てんと挺身した兵隊たちを、十字架にかかったキリストのように傷ましくも仰ぎ見るのである」(「復員の同胞を迎へて」、『生長の家』誌昭和21年7月号、16～19頁、原文は正漢字・歴史的仮名遣)

「第二次世界大戦に於いて、多くの自己処罰も行われたが、多くの〝滅私奉公〟の尊い犠牲精神で神去《かみさ》りまして高級天体へ移行した夥《おびただ》しい霊魂もあるのである。戦争はこうして人為と摂理と、両方面から起るのであるから、人間がいくら努力し、警戒して、平和論をとなえても無くなるものではないのである。

大東亜戦争は一方に於いては〝高級霊〟が最後の滅私奉公の行動を通して、急激に霊魂の地上進化の最後の課程を了《お》えて他の高級天体に移住する契機をつくったのである」

（『神　真理を告げ給う』65頁）

これに対し、谷口雅宣氏は、一貫して大東亜戦争を「過ち」「侵略」「悪」と主張し続けている。教えから導かれる大東亜戦争観からいかに遠くにあり、皮相な大東亜戦争解釈であることか。

2 谷口雅宣氏の政治的発言

生政連解体によって政治から離れ、信徒には政治的発言を封じ込めておきながら、谷口雅宣氏は、自身の左翼的政治発言は自由に行ってきた。その発言を時系列で追ってみる。

①平成18年――「女性・女系天皇容認論」

「もし日本が皇室制度を今後も維持していくつもりならば、皇室典範は改正されなければならないだろう。（略）大きなポイントは、基本的人権が完全に保障されない現在のような皇室の仕事を〝伝統〟として維持する事が仮にできたとしても、そのような皇室に嫁す人がいなくなれば、皇室の断絶は時間の問題になるということだ。私は今回、週刊誌『アエラ』（朝日新聞社）の3月27日号に特集された『哀しき天皇制』という記事を読んで、その感を深くしたのである」（平成18年3月22日の「小閑雑感」）

○平成18年――「女性・女系天皇容認論」（谷口純子氏）

「普通の現代人の感覚からいえば、ある女性が、どんなに素晴らしい人格や能力を持っていたとしても、男子を出産することが最優先されるというのは、その女性をある意味では〝道具〟と見る非人道的態度だと思う」（「男子出産」、『白鳩』誌12月号）

両者とも、筆者名が伏せられれば、左翼ジェンダー・フリー論者が書いたのではないかと見まがうような内容である。

②平成21年――「産経新聞」購読をやめて、「朝日新聞」を推奨し、民主党支持を表明

「先の総選挙で、『産経』が自民党政権の維持を訴えたことを私はそれほど問題にしていない。（略）今回の総選挙での国民の選択は明瞭だった。自公政権に対して『ノー』と言ったのである。それは、必ずしも『民主党にイエス』ではない。が、まだ試運転を始めた真新しい政権に対して、初めから疑いの眼差しをもって報道する姿勢には、一流の報道機関にふさわしくない〝やっかみ〟が感じられ、好感がもてない」（平成21年９月24日のブログ「『産経新聞』は大丈夫か？」）

保守系の「産経新聞」批判に対して、「朝日新聞」を〝クオリティペーパー〟だと賞讃し、信徒にもそれを読むよう勧めている。

③平成23年、24年２月11日――「神武天皇が天孫降臨した」と発言

「〈おわびと訂正〉
本誌5月号掲載の谷口雅宣先生のご文章『日本人の原点を見つめて』の39頁、下段の最後から2行目『宮崎県あたりに天降った神武天皇』は、『宮崎県あたりに天降ったニニギノミコトの曾孫に当たる神武天皇』の誤りでした。おわびし、訂正させていただきます。宗教法人『生長の家』出版・広報部」

2年続けて同じ間違いを犯し、それを2年続けて編集者側が間違いを見逃すのは普通では考えられない。谷口雅宣氏が神話を軽視し、編集部も少しも注意を払っていないことが満天下に晒《さら》された。

④平成25年——安倍首相の靖国参拝を批判

「独断的に、安倍首相は二十数年ぶりに靖国神社を正式参拝した。中韓両国との関係がこれでさらに難しくなることは、明らかだ。アベノミクスに好意的だったアメリカでさえ、失望と不快感を表明した。しかし、同首相は『話せばわかる』という意味のことを言うだけである。また、『どんな国でも戦没者を尊敬し、礼節を尽くすのは当たり前だ』というのは分かるが、その『戦没者』の中に、戦争を起こし、植民地政策を遂行した張本人が含まれているということを無視し続けている。そんな施設に参拝して〝礼節を尽くす〟という行為が、海外から見れば戦争と植民地政策を正当化していることになるという簡単な外交的論理が、この首相にはまったく理解できないか、あるいは強引に無視することで国益が増進されるという奇妙な信念をもっているように見える」(12月31日付のブログ「本年を振り返って」)

この言動はまさに共産党と同じ歴史観にほかならない。

⑤平成26年1月——東京都知事選挙で、共産党が推薦した宇都宮健児候補を支持

「『脱原発』を訴えている私としては、今回の東京都知事選では、この旗印を明確にしている候補者(註・日本共産党推薦の宇都宮健児候補)に投票することをお願いするほかはない」(平成26年1月30日付のブログ「『脱原発』の意思を明確に！」)

宇都宮健児氏は、「教育現場で日の丸・君が代の強制は改めるべきだ。外国人参政権について賛成。朝鮮学校無償化すべきだ」と主張する人物である。

⑥平成26年4月――「日本の皇室でも、韓国から招いた時期もある」と発言

「日韓中の国民は、もともと同じモンゴロイドで共通している部分が大いにあるのだけれども、それに注目する人は多くない。だいたい日本の皇室でも、韓国から招いた時期もあるのですが、そんなことは、忘れてしまっている人が多いのは残念です」（機関誌『生長の家』平成26年7月号）

この文章は、「第6回相愛会・栄える会合同全国幹部研鑽会」「第6回白鳩会全国幹部研鑽会」「第66回青年会全国大会」の3つの講話をまとめたものである。

⑦平成26年――「集団的自衛権」に反対を表明し、改めて「大東亜戦争」を否定。「占領憲法」を「平和憲法」として擁護する立場を鮮明にする

「私がきわめて残念に思うのは、これだけ重大な政策変更をするに際して、安倍政権は国民の意思を問うことをしなかった点である。もっと具体的に言えば、すでに書いたように、一内閣の解釈変更によって、憲法という国家の最高法規に明記された事項を軽視する選択を行ったことである。（略）自国の基本法である憲法の規定を軽視しておきながら、

国際法にのっとって行動することが、どうして法の支配を重視することになるのか？　この重大な矛盾とゴマカシは、きっと将来に禍根を残すことになるだろう」（平成26年7月3日付ブログ「憲法軽視で『法の支配』を言うなかれ」）

　このような、朝日新聞の論調と軌を一にするような内容は、現憲法擁護者でなければできない発言である。現憲法を「占領憲法」として一貫して批判してこられた谷口雅春先生とは真逆な谷口雅宣氏の「平和憲法擁護論」である。

⑧平成27年――安保法制を〝戦争法案〟として批判

　谷口雅宣氏は、安全保障関連法案（現・安全保障関連法）が審議・法制化される過程の中で、次のように述べている。

「野党の間から、昨年の集団的自衛権行使の決定が〝解釈改憲〟と呼ばれ、今回の11法案が〝戦争法案〟と批判されるのは、理由のないことではないのである。これを今、民主的手続きを省略してなぜ急ぐのか。その理解は困難である」（平成27年5月16日付のブログ「今なぜ、国防政策の大転換か？」）

〝戦争法案〟という言葉は、日本共産党と社民党が盛んに使った言葉である。もはや谷口雅宣氏は民進党支持者ではなく、むしろ日本共産党、社民党の支持者であることがこの発言からも明白にわかる。国防は国家の基本であるが、これまでの日本は、アメリカの庇護の元にあって惰眠をむさぼるだけであった。しかし、国際情勢、とりわけ北朝鮮・中国による極東情勢の不安定化は緊迫の度を強めている。谷口雅宣氏はその視点をまったく考慮に入れていない、朝日新聞・日本共産党と同様な無責任な態度なのである。

⑨平成28年6月9日――今夏の参議院選挙に対する生長の家の方針「与党とその候補者を支持しない」と発表

平成28年7月の参議院選挙に先立ち、民進党と日本共産党は統一候補を立てた。その中にあって「与党に投票しない」と述べた。このことは日本共産党に投票することと同義となる。ついに、谷口雅宣氏は名実ともに日本共産党支持者であることを鮮明にしたのである。

３　谷口雅宣氏の「法燈継承者」発言

「総裁・副総裁」は役職名を指すが、「法燈」は〝教えの継承〟を言う。果たして、谷口雅宣氏は、いつ、誰から、「法燈」即ち「教え」の継承を受けたのか。

平成15年7月16日、都内ＴＦＴホールで本部講師・本部講師補対象の「生長の家教修会」が開催された。そこで、谷口雅宣氏（当時は副総裁）は、「平成２年、谷口清超総裁から法燈を継承した」との衝撃的な発表を行った。副総裁が突然、勝手に「法燈継承」は既に済んでいたと言うのであるから、会場は、まるで狐につままれたような雰囲気に包まれたと言われる。果たして、谷口雅宣氏の「法燈継承」は成立しているのであろうか。

①平成2年、すでに谷口雅宣副総裁は「法燈」を継承していたのか?

『聖使命』新聞・平成15年8月1日号によれば、「先生（谷口雅宣氏）は、ご自身が平成２

年11月の副総裁就任時、総裁先生から法燈を継承されたことを明らかにされ(た)」とある。つまり、谷口雅宣氏は並みいる本部講師・本部講師補を前に、自らが生長の家の「法燈を継承」したと明言した。しかし、それが事実であれば、なぜ谷口雅宣氏はこれまで13年間もの永きにわたって、そのような最重要問題を秘匿《ひとく》し続けてきたのか。また、なぜこの時点まで、谷口清超総裁はそのことを一切口外されなかったのだろうか。

また、仮に「生長の家教修会」での「法燈継承」発表が事実であれば、教団にとっては最重大発表である。当然『聖使命』新聞にトップ見出しで、それを大々的に報道するのが自然である。にもかかわらず、『聖使命』新聞には、何の見出しもなく、また特別記事の扱いもなかった。したがって教修会に参加していない大多数の信徒は、そのような重大事があったことすら気づかないままであった。実に不可解というほかはない。

②谷口清超総裁は欠席。生涯、「法燈継承」に明言なし

平成15年当時、まだ谷口清超総裁・恵美子夫人ともにご健在であったが、この教修会は欠席であった。欠席する理由など考えられなかった。あえてその理由を探れば、ご夫妻が

自ら出席されなかったのではなく、谷口雅宣氏が出席を阻止し、総裁の不在のもとに勝手な「法燈継承」発表を行ったのではないか。もしそうであれば、極めて悪質な謀略というほかはない。

谷口清超総裁が雅宣氏に「法燈を継承」したと言われたことは、ご生涯にわたって一度もない。あくまで副総裁の一方的な言い分であって、谷口雅宣氏の発言以外に何の証拠も存在しない。すべてが釈然としない、不信を抱え込んだままの「法燈継承」発表であった。

③「生長の家教規」には「副総裁の立場での法燈継承」など存在しない

教団の憲法とも言うべき「生長の家教規」には、「総裁の任期は終身とする」(第十条一項)と明記されている。従って、谷口雅宣氏の地位は、たとえ「総裁代行」として事実上全権を把握していようが、あくまでも「副総裁」にとどまる。

つまり、「総裁」と「法燈」は一体である。だとすれば、「教規」上、副総裁が「法燈を継承」することなど理論的に絶対にあり得ない。谷口雅宣氏の教修会での発言は、まさに黒を白と言いくるめるものと言う他はない。

④谷口清超総裁から谷口雅宣副総裁への「面授」の証拠は一切存在しない

「法燈の継承」は「面授」によって行われると言われるが、谷口清超総裁から谷口雅宣副総裁に対して「法燈」が「面授」されたという「証拠」は何も示されていない。教修会では、雅宣氏自ら「平成2年に法燈を継承したことは、自分も知らなかった」と語っている。結局、これは「面授」などなかったことを自ら告白しているにも等しい。平成2年の「副総裁就任」は、「単なる次期総裁候補者」つまり「副総裁」の決定だけであって、「法燈」そのものの「面授」ではなかったと考えるのが至当である。

⑤谷口清超総裁による「総裁法燈継承日記念式典」とは、一体何だったのか

谷口雅春先生ご昇天から5ヵ月後の昭和60年11月22日、総本山の龍宮住吉本宮で「生長の家総裁法燈継承祭」が行われた。以後、谷口清超総裁在世中、「総裁法燈継承日記念式典」が毎年行われていた。

もし、谷口雅宣氏が平成2年に「法燈を継承」したというのなら、毎年の同式典における「総裁法燈継承詞」には、「谷口清超　畏《かしこ》み畏み白《まう》さく（略）慎みて生長の家総裁法燈

継承の儀厳《いかめ》しく仕奉《つかえまつ》らん」とある文中に、谷口雅宣氏の名前も入っていなければならなかった。しかしそのような文言は一度もなかった。

以上の諸事実に照らして明らかなように、谷口雅宣氏が「教修会」で述べた「法燈継承」発言は、自身の権威付けによる教団乗っ取り、教団私物化であることは明白である。

4 谷口家の人々の追放

谷口雅宣氏の、谷口家の人々への言動は常軌を逸している。権力を奪取した後、その権力を維持するために、ここまで非人道的な態度が取れるのだろうか。以下時系列で列挙する。

○平成12年6月
谷口雅宣氏の実弟である谷口貴康氏の副理事長解任。

○平成12年6月

谷口貴康氏の義兄である松下昭氏の理事解任。

○平成14年4月

谷口雅宣氏の甥である荒地光泰氏(荒地浩靖氏子息)の本部採用内定取り消し。

○平成14年10月

宮澤潔氏(谷口雅宣氏の実姉である壽美氏の配偶者)は、オーストラリア駐在本部講師を辞職したが、教団本部は認めず、懲戒解雇とし、退職金を支払わず。宮澤氏は東京地裁に提訴し、地裁、高裁、最高裁、すべて勝訴。

○平成16年12月

谷口貴康氏を総本山総務から宮城教区教化部長へ異動させ、事実上の更迭。谷口貴康氏、辞職。

○平成16年12月

谷口雅宣氏の実姉(谷口佳世子氏)婿の荒地浩靖氏を宗務部長兼生教会担当理事から札幌教区教化部長へ左遷。

○平成18年6月

　荒地浩靖氏の参議・理事解任。

○平成20年10月　谷口清超総裁ご昇天前後の出来事。

　以下は近親者の証言による。

　谷口清超先生のご葬儀は、東京・原宿の自宅で密葬として原則家族のみで行われた。祭司と祭員は参議長と講師部長と宗務課職員。他に理事長と雑用係りとして総務部長も参列。門の外には警備のため秘書課の職員が名簿を手にして密葬に参列させる親族の名前をチェックしていた。しかし、その名簿は谷口清超総裁と血のつながりのある人のみであり、血のつながりのない配偶者さえ排除されていた。つまり、荒地浩靖氏は×、その元妻であった谷口佳世子氏は○、宮澤潔氏は×、その妻である宮澤壽美氏は○、谷口貴康氏は○、その配偶者は×、孫に当たる子供たちは○であった。

　要するに、荒地浩靖氏と宮澤潔氏を排除するための名簿であった。特に、荒地浩靖氏は谷口清超総裁の実家を継いで養子関係にあり、親族中、最も縁の深い人物であった。喪主は谷口恵美子先生であったが、このような名簿を作り、職員にも指示を与え得る人物は谷口雅宣氏以外にいない。

このような名簿があることを知らずに、長崎から谷口貴康氏が上京し、貴康氏から声をかけられた荒地浩靖氏が札幌から駆けつけた。荒地氏が名簿にないことが分かるや、佳世子氏の実子である荒地光泰氏と荒地美恵子氏が、貴康氏とともに喪主である谷口恵美子先生に荒地浩靖氏が出席出来るように嘆願した。その場にいた佳世子氏も壽美氏も賛同し、「それでは荒地さんも参列してもらいましょう」と、喪主である谷口恵美子先生はその場ですぐに門の外に待機している係りの人に、「荒地さんがこられたら入ってもらうように」と指示を電話でされた。

すると、しばらくして、雅宣氏が家族そろった静かな部屋に激高しながら入ってきた。「一度決めたことを何で変えるのですか！　だいたいアンタはいつもそうなんですよ」と谷口恵美子先生に大声でわめき散らし、その場にいた荒地光泰氏に対して、「だいたいアンタわかってるんだろうな！　本当はアンタがここにいることもおかしいんだ、社会事業団がどれだけ迷惑なのか解ってるんだろう。アンタが委員長（青年会）をやっていることも、講師でいることもこちらでどうにでも出来るんだぞ」と脅し、文句を数分にわたって怒鳴り続けた。

その異様な光景に、他の孫たちも廊下に集まり唖然として事の成り行きを見守っていた。（その中の一人が携帯で谷口雅宣氏の発言等を録音していた）

この状況で言葉を発せられたのは壽美氏であった。

「あなたはこんなときに一体何ですか。そのモノの言い方は。お母様が喪主として決められたからいいじゃないですか」

すると、雅宣氏は、「だいたいこの家の人達はみんな異常なんですよ！　わかってるでしょ、そんなことは！　アンタも、アンタも、おい、オマエもだ」と言って後ろを向いて座っている貴康氏の頭を小突いた。

貴康氏はゆっくりと振り返り、立ち上がろうとした。とっさに危険を察知した恵美子先生は、「わかりました、決めたようにします」「どっちに決めるのですか」「前に決めたようにします」

ここで荒地光泰氏が、「父が参加できないのならば、子供たちは参加できません。失礼します」と決然と席を立ち、家族を連れて門へと向かった。女の子たちはあまりの出来事に涙を流して外に出て行った。佳世子氏も涙を流しながら「あなたたちまで出て行かないで！」と声を詰まらせた。

門前には、荒地氏が職員に止められて待機していた。荒地家のみなが出てきたことで事情を察知した荒地氏は、「この場で聖経をあげさせていただいてよろしいか」と言い、警備員は何も答えられなかった。

荒地浩靖氏の家族は、門前での聖経読誦の後、静かにお山を後にした。

「お父様やお母様が淋しがられるから私たちは式場に行きましょう、お願いです」との佳世子氏の言葉で、沈鬱な、重苦しい雰囲気のうちに式場の部屋へと行った。

式場に当てられた部屋には、家族だけの葬儀であったはずが理事長や総務部長が参列していた。そして驚いたことに、式で必要な霊位《みたましろ》はなぜか見当たらなかったという。そして谷口雅宣氏の妻である純子氏は喪主の妻でもない立場で、姉たちよりもはるか上座の席に平然と座り、一言も挨拶をしなかった。

平成21年2月、奥津城で納骨式が執り行われたが、ここでも親族の姿はなかった。

○平成28年6月17日　「谷口雅春大聖師31年祭」での谷口家奥津城での谷口雅宣氏の挨拶。

「私たちがよく知っている『大調和の神示』の中にも、『怺《こら》えたり我慢しているのでは心の奥底で和解していぬ。感謝し合ったとき本当の和解が成立する』とハッキリ書いてあることを思い出してください。これは、『表面的に仲直りするのではダメだ。心の底から仲直りしなさい』という教えです」

一体、どの口からこのような発言ができるのだろうか。谷口雅春先生、谷口輝子先生、谷口清超先生のお嘆きはいかばかりであろうか。

５　数々の「教え」の隠蔽と谷口雅宣教の強要

谷口雅宣氏は、この三十年間に、次々と教えの隠蔽と否定を繰り返してきた。次に４つの観点から具体的に列挙する。

(1)「教え」の否定

①文書伝道の根幹であった「神誌」の呼称を廃止し、「普及誌」「機関誌」という世俗的な呼称へと改変。
②谷口雅春先生の聖典を絶版。
③聖経に代わり、自らの『大自然讃歌』『観世音菩薩讃歌』『万物調和六章経』の読誦を強要。
④総本山・龍宮住吉本宮のご祭神「住吉大神」を無化・否定。
⑤宇治別格本山における永代供養「御霊代《みたましろ》」の規定を、聖経『甘露の法雨』から『万物調和六章経』に変更。

(2)「愛国思想」の否定

⑥大東亜戦争侵略論の展開。
⑦「宇治盂蘭盆供養大祭精霊招魂神社大祭祝詞」(「英霊に捧げる辞」)の書き換え。
⑧総本山の鎮護国家特別誓願券から「鎮護国家」の言葉を削除。
⑨民主党(民進党)支持、朝日新聞推奨、東京都知事選で共産党推薦候補の支持。
⑩安倍首相の靖国神社参拝批判。安保関連法案を「戦争法案」と批判。

⑪「占領憲法」を「平和憲法」として擁護。

(3)「日本国実相顕現運動」の否定

⑫「生長の家政治連合（生政連）」の解体。「青年局」の解体、「生学連（大学生）」「生高連（高校生）」「ジュニア友の会（中学生）」の各組織の解消。「幹部学校」の解体。「養心女子学園」の事実上の閉校。

⑬「日本を守る国民会議」からの脱退。

⑭「新教育者連盟」の追放

⑮「日本国実相顕現運動」の否定のため、「国際平和信仰運動」「自然環境保護運動」を提唱。

⑯ノーミートの低炭素の食生活。省資源の低炭素の生活法。

⑰ＳＮＩオーガニック菜園部、ＳＮＩ自転車部、ＳＮＩクラフト倶楽部の創設。

(4)聖なるものの解体

⑱「ご神像」の撤去と本部会館解体。

⑲総本山の顕斎殿の土足履き。「實相」額が覆い隠される。
⑳「實相」(本尊)と「光輪卍十字架図」の商標登録。(娯楽施設、香水等で使われる商標のこと)

6 ニセ経出版

谷口雅宣氏は、平成24年3月31日付のブログで、なぜ『大自然讃歌』『観世音菩薩讃歌』を出版するにいたったかの説明をしている。

「私の長編詩は、形式としてはこれら聖経に似てはいるが、それに取って代わるものでは決してない。そうではなく、むしろ聖経で説かれた真理を引用しながら、聖経では強調されていなかった方面の教義——例えば自然と人間との関係など——について補強を試みている」

ここにある「補強」の二文字こそ、新たな「経本」の意味を如実に代弁している。「谷口雅春先生は釈迦・キリストの教えを〝完成〟された」といわれたが、その完成された教えをさらに補強するとはどういうことか。

自分の関心領域の環境問題が語られていないから、〝真理〟を「補強」しなければならないということであれば、〝真理〟というものを全く理解しない者の言いぐさである。現実問題を解決するために〝真理〟があるのではない。〝真理〟が全的に現象界に顕現すれば現実問題は解決する。それへの〝信〟なくして宗教は成り立たない。だから、〝真理〟は時を超えて実在しつづけているのである。

これを理解しない谷口雅宣氏だからこそ、「聖経」は古い、今の時代の要請には馴染まない、だから、「聖経」は〝補強〟される必要がある、などと言うのである。

第2部　「生長の家」平成年表

年月日	谷口雅宣氏の動向	特記事項（教団・関係団体、その他）
昭和45～49年	公安筋によれば、青山学院大学在学中、極左学生セクトに加わり、ヘルメットを被って国際反戦デーのデモに参加。帰宅途中に本部職員に目撃される。卒業後、日本教文社入社。	
昭和50年		谷口雅春先生御夫妻、九州別格本山総裁公邸にご移転。（1月13日）
昭和52年	日本教文社関係者等の留学手続の協力で米国コロンビア大学に留学。	

昭和53年	玉置和郎参議院議員の努力で産経新聞社入社。横浜支局に配属。	**総本山落慶。**（11月21日）
昭和54年	小野純子氏と結婚。	
昭和55年		
昭和56年	世界聖典普及協会職員となる。	
昭和57年	世界聖典普及協会理事として、『生長の家』誌10月号	生長の家幹部養成学校開校。（4月）

に、「〝幼い生命を大切に〟CF制作者のつぶやき」執筆。（10月）

世界聖典普及協会理事のまま、生長の家理事に就任。（12月）

昭和58年

世界聖典普及協会理事として、『生長の家』誌1月号に、「新しい〝顔〟—生長の家のロゴタイプについて—」執筆。（1月）

生長の家理事（4月号まで普及協会理事の肩書き）として、『生長の家』誌5月

号に、「比例代表制を考える(上)」執筆。（5月）

優生保護法改正の政治活動を否定しつつ、メディアを活用すべきとして、大相撲・高見山を起用したCM「お腹の赤ちゃん大切に」の製作を主導し、テレビや映画館で流す。（広告代理店の「電通」に委託）

世界聖典普及協会マーケティング部長の肩書きで、

参院選にて寺内弘子氏落選。（6月）

「生政連活動停止」に関しての理事会決定事項を理事長名で特別通達。（7月6日）

幹部養成学校関係人事異動。（10月）

※実質的な幹部学校解体。次年度から入学希望者激減。2年目にして廃校の道へ。

昭和59年

『生長の家』誌12月号に、「本当に〝官能を売る〟のか?——ものの売り方が変わっている」執筆。(12月)

日本教文社取締役に就任。(10月)

「日本を守る国民会議」等の団体について、脱退の旨を理事長・教化運営管理局長名で特別通達。(9月20日)

※谷口雅春先生は「日本を守る会」結成時、賛意を強く示され、「日本を守るためには教団の一つや二つ潰してもかまわない」(副島廣之著『私の歩んだ昭和史』211頁)とのご発言があった。

昭和60年

副理事長として本部奉職。総合企画室長兼講師局長に就任。錬成会指導者協議会議長に就任。（４月）

総合企画室長の肩書きで、『生長の家』誌６月号に、「分化と統合」執筆。（６月）

各教区・道場に配布されたご遺影に晩年の車イスに乗られるお写真が選ばれたが、「若いときのお写真を載せると谷口雅春先生が生きていらっしゃると誤解される」と発言。

１月13日の日付が入った谷口雅春先生の手紙が、世界聖典普及協会理事長・戸田梃伍氏と理事・谷口雅宣氏連名宛に出され、集大成としての「谷口雅春重要講演集」の新企画のご指示があったが、これを無視。

谷口雅春先生ご昇天。（６月17日）

長崎総本山にて追善供養祭。（７月22日）

それまでの青年会運動の全面否定により本部青年局（青年会中央部）を解体し、幹部を次々に解任。（８月）

昭和61年

講師局長として、全国光明実践委員研修会を指導。（1月、2月）

理事会で、「先生の御文章を掲載する場合の取り決め」（1500字以内に制限等）を決定。谷口雅春先生の御文章であっても時局問題については広報編集局長の了承が必要となる。（10月）

村上正邦氏は政治活動のため、小山孝雄氏は退職と政治活動のため、任務遂行困難として、本部講師を解任。（10月）

谷口清超先生総裁法燈継承。（11月）

※法燈継承とは教えそのものを受け継ぐということではないという路線が明らかに。

『霊性の目覚め』発刊（奥付1月25日）。

※後日「お山」に関する遺言書等の記述（171頁）を改竄して、その頁を剥ぎ取り、差し替えを貼り付ける。

昭和62年

講師局長として「講師会報」に「目的と手段」を執筆し、『理想世界』百万運動を否定。（２月）

総合企画室長兼講師部長。（９月）

※職制が局部制から部課制に変更のため

青年会全国大会の聖旗入場

運動スローガンから前年まであった「日本国実相顕現」が消える。（３月）

青年会の運動が「一部幹部の中に本来の運動とは異なる活動が行われている」と批難される。（３月）

神誌の改変を打ち出す。（３月）

行進は不許可。(1月)

第1次六ヵ年計画第1年度(4月)
「(現総裁への)中心帰一」、「(国を守り救うことより)世界に伸びる」の強調。第一の柱〝生長の家計画〟では「かつての生政連運動のように、生長の家の外側に各種団体を組織して、生長の家外を巻き込んだ運動を展開するものではなく、…」と記述。内に閉じる運動を志向。講習会に全力を注ぐ運動が始まる。
常任理事会で、「生高連宣言・綱領」廃止決定。(「愛国」の文字があったためと思われる)(6月15日、通達は7月3日付)
常任理事会で、「護国の神剣―生政連讃歌」を〝現在の組織と運動のあり方から見て不適当〟

昭和63年

総合企画室長兼広報・編集部長、見本誌(普及誌)編集部長。(11月1日)

見本誌編集部解散。(1月31日)

副理事長として、全国大会で講演。「六ヵ年計画の目指すもの」(5月)

副理事長に再任。(6月)

と排除決定。生長の家の集会で歌う愛唱歌も大幅に制限。(6月23日)

第1次六ヵ年計画第2年度(4月)

両軸体制移行へ具体策を示す。

新教連のあり方〝検討〟。

※谷口輝子先生、清超先生、恵美子先生の委任により、聖経や『生命の實相』等の著作権は生長の家社会事業団にある旨を文化庁

に申請し、国の「著作権登録原簿」に登録
される。

平成元年

第1次六ヵ年計画第3年度（4月）
両軸体制開始。（4普及誌、3機関誌。『生長の家』『精神科学』誌の消滅）
※「両軸体制」の真の意図は、これまでの「神誌」の否定、谷口雅春先生の隠蔽にあった。そのため、普及誌から谷口雅春先生のご文章・お写真がほぼ消えた。

副理事長として、全国大会で講演。「両軸体制の目指すもの」（5月）

『両軸体制ハンドブック』発行。（10月）

平成2年

副理事長として、全国大会で講演。「新世紀への期待」（5月）

『理想世界』誌に連載の「ネットワーク考」で大東亜戦争侵略論を展開。（11月）（12月号、翌年3、4月号とも）本部講師試験で、教団の方針に批判を持つ者を意図的に不合格にする。（11月）

第1次六ヵ年計画第4年度（4月）
両軸体制の徹底

宮澤潔氏、北米伝道本部出版局並びに管理局のコンサルタントの委嘱を解かれ、同出版局長に就任。（4月）

ニューヨーク会館取得（建設）。（6月）

平成3年	**副総裁就任。**（11月22日） 谷口清超総裁と講習会二人体制。（4月） **宇治盂蘭盆供養大祭精霊招魂神社大祭祝詞書き換え。**（8月）	第1次六ヵ年計画第5年度（4月） 普及誌購読者が運動目標になる。この時点で、普及誌を購読していない会員が4割以上いることが明らかに。 『魂のふるさと——宇治』（ハードカバー本）絶版。
平成4年		第一次六ヵ年計画最終年度（4月） **谷口雅春先生新刊発行停止。**（7月15日） **既刊聖典32点重版停止。（「内容上の理由」と称す）**（平成4年前後）

平成５年

夫妻北米巡錫。英語で講演。２男１女公費同行。（８月）

谷口純子氏、白鳩会副総裁に就任。（10月）

「二十一世紀に向けた第二次計画」第１年度（４月）

「国際平和信仰運動」提唱。（人類光明化運動の相対化を画策）

運動スローガンに「国をこえ、民族をこえて」という表現。

一、〝開かれた生長の家〟計画サブタイトルに「国・民族のちがいをこえた」という表現。

四、〝国際運動としての生長の家〟計画「人

平成6年

谷口雅春大聖師御生誕百年記念出版『大聖師御講義「続々甘露の法雨」』の出版を妨害。「谷口清超編纂」の形での刊行で決着。（8月）

谷口雅宣副総裁による講習会単独指導。

夫妻で2度目の米国巡錫

類光明化運動を、二十一世紀初頭には名実ともに『国際運動』として出発させる」とうたう。

※この運動の隠された意図は「日本国実相顕現運動」の否定にあった。

谷口清超総裁、最後の講習会に出講。（以降は団参、本部練成会講話のみ）（3月）

「二十一世紀に向けた第二次計画」第2年度（4月）

平成7年	初のアジア巡錫。（香港・台湾）	ニューヨーク近郊に国際練成道場建設。北米での「實相」額の扱いと、実相礼拝の仕方決定。（12月） 「二十一世紀に向けた第二次計画」第3年度（4月） 機構改革で国際本部と日本本部に。 ※「国際平和信仰運動」は、この年の機構改革と国際大会をもってピークを迎えるが、その後、日本本部と国際本部の区分けは曖昧となり、現在本部職員においてもその意識はない。この年度を境として、すべての運動が停滞・後退を始める。 英語による国際練成会をニューヨーク郊外で開

平成8年

催。参加者約30人。

香港で相愛会・栄える会合同の国際大会。（8月）

国際平和信仰運動のシンボルマークを公募により「鳩葉っぱのマーク」に決定。（11月）

※従来の生長の家のマーク「光輪卍十字架」はナチスのハーゲンクロイツを連想させるとの理由による。

「二十一世紀に向けた第二次計画」第4年度（4月）

運動方針に日本版と海外版の区別がなくなる。

講習会受講者数が減少傾向になる。

平成9年	『地方講師活動指針』を全面改悪して『求道と伝道のために』発行。第一部として「生長の家法燈継承の真義」を掲げる。（4月） 「二十一世紀に向けた第二次計画」第5年度（4月） 『生命の實相』全読運動。 河口湖・旧幹部養成学校に専門学校・養心女子学園を移転開設。（4月）	『聖霊天降る宇治――魂のふるさと』発行（234頁、千円、日本教文社）（8月5日）。再版時（時期不詳）、重版認めず。（『魂のふるさと――宇治』が絶版にされ、「精霊招魂神社大祭祝詞」が改

竄されて本書が刊行されたが、両書が比較されることを恐れたため、絶版にしたものと思われる）

「大東亜戦争英霊に捧げる辞」などを削除し、100頁、百円の『宇治別格本山のご案内』として宇治別格本山が発行。（8月）

平成10年

「二十一世紀に向けた第三次計画」第1年度（4月）

「光明化運動・二十一世紀を考える検討委員会」発足をうたう。

平成11年

拡大最高首脳者会が運動方針決定の機関とな

る。従来の代表者会議は発表・徹底の場に。（1月）

代表者会議で、運動方針を解説して、「運動の歴史と『天皇国・日本』」との話。（「聖使命」4月1日号）相愛会運動方針中の「天皇国・日本」の文言を批判し、谷口雅春先生の「天皇国・日本」の教えを否定。（2月）

電子掲示板（ニフティのプライベート・フォーラム）に、本部職員辞職の旨を書き、退職金を受け取ったが、そのまま職務継続。（3月）

「二十一世紀に向けた第三次計画」第2年度（4月）

「自分は現場の運動指導に責任が持てない」との理由

から講習会時に開いていた幹部会を廃止。（4月）

全国大会講話
「地球の環境を破壊するような方向へのエネルギーの使い方、物資の使い方はできるだけやめて、その逆をしていこうということが、現代的な意味での〝諸悪莫作〟であり〝衆善奉行〟であるというわけでありま

運動スローガンがなくなる。

講習会に参加目標数ではなく基準数（各教区に設けられた過去複数年の平均値）を導入。

（受講者が激減のため）

「地球環境の保護に具体的に取り組んでいく」という文言が登場。

「聖典拝読」ではなく、「聖典等拝読」に。

す」(5月)

任意団体「青々舎」設立。(6月)

国際練成道場支援絵はがきセット「ちょっと私的に考える＋α」発行。収益金は国際練成道場に寄付。10月には3万ドル寄付。12年1月5万ドル。(合計額9万4千ドル)(7月)

総裁代行就任。(11月)

11月21日に生長の家総本山で行われた「生長の家

平成12年

総裁、谷口清超先生傘寿お祝いの会」で、谷口清超総裁が、谷口雅宣副総裁を総裁代行に任じたことを発表。（『聖使命』平成11年12月号より）

建国記念の日祝賀式。神典奉読消える。（2月）

11年度講習会成果（四五万二六〇三人）。単独指導開始の6年度（四四万五一九五人）から横ばいで終結。（3月）

「二十一世紀に向けた第三次計画」第3年度（4月）

生長の家全体で「ＩＳＯ１４００１」の認証

		取得をめざすことを掲げる。 ※これより環境運動が運動の中心を占めていくことになる。
平成13年	国際練成道場支援絵はがき第２集「旅で見て、旅で思う」発行。（５月） 生光展に特別出品３点。（10月） ウェブサイト「今日の雑感」掲載開始。（１月13日） 谷口雅春先生著『神ひとに	谷口貴康氏が副理事長からはずされる。松下昭氏理事解任。（６月） ＩＳＯ１４００１取得のため、環境方針決定。（10月） 太陽光発電装置を総本山と飛田給に設置。（１月）

語り給ふ』などは教義の中心ではないため、再版しないと明言。（2月）

「今日の雑感」に「日本精神」と題して、蔡焜燦著『台湾人と日本精神』（日本教文社発行）に政治的意図があると非難。（3月7日）18日にも「発禁処分」と題して、同書を非難。

（生長の家は）「単なる民族主義・国家主義の運動ではない」とこれまでの愛国運動を否定。（3月）

日本教文社取締役会で『台湾人と日本精神』販売中止決定。（3月）

新しい世紀（21世紀）に入って、4つの重点方策

全国大会で「〝今の教え〟を学ぶこと」について講話。（5月）

谷口雅春先生の説かれた真理を学ぶことを否定。（5月）（機関誌『生長の家白鳩会』7、8月号に掲載）

9・11の米国同時多発テロに関連して、はじめて自身の執筆による「祈りの言

に取り組むことに。（4月）
①組織活動の充実、②環境保全活動、③人材養成、④通信技術の活用
以上の重点方策が5年間引き継がれることになる。

蔡焜燦氏、日本教文社を提訴。（5月）
※東京高裁での控訴審で、蔡氏の勝訴に近い和解により日本教文社が謝罪広告掲載。（15年4月）

森林再生のための募金活動始まる。（5月）

従来の方針を改変して、「日本教文社書籍新出版方針」を策定。「総裁・副総裁の〝今の教え〟が重要である」として谷口雅春先生の新刊書は

	葉」(「愛と赦しのための祈り」)をホームページに発表。(9月)	発行しないと明記。(9月)
	原理主義の立場をとらないと言明し、「聖典」を貶める。(11月)	拡大最高首脳者会で教規改正案が継続審議になる。(11月20日)
平成14年	『小閑雑感　Part1』発行。(1月)	**拡大最高首脳者会で教規を改訂し、「参議」新設。総裁に独裁権を与える。宗務と法人事務を区別。宗務は最高首脳者会、法人事務は責任役員会とした。**(1月22日) ※これまで教団の重要事項の決定は理事会で行われており、理事の選出は教団の評議員である教化部長の過半数の信任で承認される。それまでは副総裁の恣意的な好み

による理事候補が過半数を得られず選任されないケースがあった。谷口雅宣氏はこれに対抗して、参議制度を新設し、参議は総裁の任命で決定され、事務事項以外の案件はすべて最高首脳者会（総裁と参議等で構成）の決定で行われるようにした。これによって、総裁（実質的に谷口雅宣氏）の教団完全支配体制が完成した。

４月１日に施行された生長の家教規に則り、宗教上の意思決定機関である最高首脳者会の構成員である参議の中から、参議長、副参議長が、谷口雅宣総裁代行から選任される。初代参議長は吉田晴彦氏。

運動方針は13年度の４つの重点対策をそのまま継承。（４月）

荒地浩靖氏の長男光泰氏の本部採用内定が取り消された。（4月）

相愛会教区大会の講話演題に「『国のいのち人のいのち』は相応しくない」と通達。（7月10日）

『週刊新潮』（7月18日号）に「『生長の家』を震撼させる次期教祖の「左翼的思想」」掲載。ブログ（11日付）で「『夕刊フジ』と『週刊新潮』」と題して反論を掲載。（7月）

月刊「谷口雅春先生を学ぶ」誌創刊、「谷口雅春先生を学ぶ会」発足。（9月27日）

オーストラリア駐在本部講師の宮澤潔氏辞職。教団本部これを認めず、懲戒解雇とし、退職金

平成15年

を支払わず。（10月）

宮澤潔氏、東京地裁に提訴し、勝訴。被告本部は控訴、上告したが全面敗訴。

宮澤潔氏、生長の家オーストラリアの独立を宣言。教団本部がオーストラリアで提訴の後、「生長の家」の名称不使用の条件で和解。教団本部裁判費用として約５億円を支出。

「運動方針」前文は、総裁代行の引用文がトップで、総裁の引用は二の次。さらに、末尾には付け足し扱いで「谷口雅春先生」という文字が１ヵ所だけ。

森の中のオフィス構想が打ち出され、「世界平和の祈り」と聖経『甘露の法雨』携帯読誦運動の箇所は削除。前年の生長の家教規改正がなぜ行われたかを解説。（４月）

教修会において「〝法燈〟は既に継承されていた」「生長の家は〝原理主義〟を採

森の中のオフィス実現を目指すプロジェクトチーム発足。
※この年の夏に「森の中のオフィス事務局」設置。

グリーン電力採用のための募金活動始まる。

講習会で白鳩会副総裁・谷口純子氏の講話が始まる。教化部長の講話はなくなる。幹部会の復活。（4月）

白鳩会総裁・谷口恵美子先生が白鳩会中央委員会に出席されず、白鳩会副総裁のみの指導となる。（5月）

本部講師（補）対象の教修会を江東区TFTホールで開催。（7月16日）
※「谷口雅春先生の足跡から学ぶ」「生長の

らない」と発言。また、「一部の神示には、日本だけに味方するような国家主義的な印象を受けるものがある」と発言。（7月）

ニューヨークの教修会にて、「神示は注意して読め」、「絶対的な真理と相対的な真理がある」と発言。（8月）

家における〝法燈継承〟とは」「国際平和信仰運動の意義」をテーマにシンポジウム。生長の家は〝原理主義〟を採らないと強弁し、尊師を貶める。生長の家社会事業団理事長・本部講師の松下昭氏を出席させず。（16年4月『歴史から何を学ぶか』出版）

「世界平和のための国際教修会」を、全て英語で、ニューヨークにて開催。「生長の家は戦争をどう見るか?」「私たちは原理主義者でしょうか?」をテーマにシンポジウム。（8月）

次年度より、教団と新教育者連盟（新教連）との関係を解消することを決定。（11月）

谷口清超総裁指導の全国青年練成会に800名超。

谷口清超総裁指導は以後無し。（青年練成会は

平成16年

青年会全国幹部研修会を指導。「今の教え」の意義を説く。（6月）

19年10月開催で終了）（11月）

運動方針〝スーパー・オフィス構想（電子空間上の事務所）〟前進をうたう。前文で、前年の教修会でテーマとなった原理主義批判を再確認。CO_2排出量削減に目標値を掲げて取り組むことに。（1月）

「新教育者連盟（新教連）」を教団から切り離す。

グリーン電力採用の募金開始。（5月）

第2回教修会。平和研究をテーマに。オブザーバーとして地方講師会長招集。（7月）

新潟県長岡市での講習会前日、新潟県中越地震に遭遇。（23日）講習会は中止となり、被災地から帰京。そのときの模様をブログに「旅人の被災」と題して掲載。（10月）

ブラジル初の国際教修会開催。（7月）

森の中のオフィスの基本的な考え方を決定。（7月26日）

『週刊新潮』が「すばやく被災地から谷口雅宣氏」と報じる。（11月11日号）

「山口県スポーツ文化センター」で開催された講習会で「爆弾予告電話」があり、一時、受講者避難。（11月28日）

平成17年

「環境負荷の掛かる四つ足は食さない」と発言。（12月）

代表者会議で、日本国実相顕現に関連して「古いパラダイム（思考の枠組み）に縛られてはいけない」と発言。（2月）

総本山総務の谷口貴康氏を事実上更迭。（12月）

荒地浩靖・宗務部長兼生教会担当理事を札幌に異動決定。（12月）

谷口貴康氏、退職に追い込まれる（総本山総務から教化部長異動）、退職時降格させて退職金を減らす。

『週刊実話』が2回連載で「生長の家」を取り上げる。（1月20日、27日）

清超総裁、団体参拝練成会の講話指導後、体調を崩す。以後、公の場に出席無し。（2月）

『週刊現代』が「スクープ巨大宗教団体『生長の家』骨肉の争い」と題してトップ記事扱い。（2月5日号）

ニューヨーク郊外でリーダーのための特別練成会を指導。（8月）

運動方針前文で、谷口雅宣副総裁の「環境・平和・資源不可分論」を再確認。CO_2排出量削減優秀教区の表彰、太陽光発電装置の設置費用の助成始まる。諸行事の開催頻度削減をうたう。（運動の否定）運動成果の評価を「年度末数値」から「年度の平均値」に変更。

3回目の教修会。宗教多元主義、神と仏の変遷をテーマに。地方講師会長も正式メンバーに。（7月）

平成18年

三機関誌に、ブログ発表の「祈り」を連載。（9月）

秋季記念式典で「目的も手段も正しい運動を」と話し、講習会推進にブレーキ。本部褒賞においても、内容に疑義を持ち、総裁賞は授与せず。以後同賞の授与なし。（11月）

「単に環境保全活動をしているわけではない」と強弁。（2月）

ブラジルで2回目の国際教修会。「肉食と世界平和」等をテーマに。（1月）

運動方針前文では地球環境・資源の問題の解決が「国際平和信仰運動」の最重要課題との認識を示す。

13年度からの4つの重点方策に代わり、次の3点を掲げる。
1、平和のための伝道・生活実践と業務改革。
2、地域に根ざした第一線の組織活動の充実。
3、新世紀を担う人材養成。
一方で環境・資源に配慮して諸行事の見直しを行うことが掲げられている。
鎮護国家特別誓願券の書き換え。(4月)
「世界平和」の文言が入る。
機構改革。宗教活動上と事務上の機構に。15から11部署に削減。磯部和男理事長、雪島達史副理事長。吉田晴彦参議長、磯部和男、勅使川原

平成19年

谷口純子氏『白鳩』誌12月号で「男子出産」と題して女性・女系天皇容認論を書く。（12月）

『日々の祈り』出版。（3月1日）（装幀が『真理の吟唱』に類似し、その代替としての位置付けが窺える）

淑子副参議長。荒地浩靖氏は参議・理事に再任されず。（6月）

四回目の教修会。「肉食と世界平和を考える」をテーマに。今回も地方講師会長招集。（7月）

〝自然と共に伸びる運動〟実現のための「第一次5ヵ年計画」第1年度として、自然と共に伸びる運動を目指し、炭素ゼロ運動を掲げる。太陽光、小型風力発電装置設置の会員に助成金。今後10年間で活動から排出されるCO_2をゼロにすることを目指す。５年後までに本部、宇治、総本山で炭素ゼロを実現。10年後までにその他も実現。５年後までに教化総長の存在する海外拠点(ブラジル、米国、中華民国)において、ISO14001の認証取得を目指す。

環境運動本格化

※平成23年度までに森の中のオフィス設置が謳われる。(後に、平成25年度設置に変更)

「聖使命」新聞、タブロイド判横組み、カラー印刷に。３機関誌は頁数削減、紙使用量減を誇る。(4月)

吉田参議長、副総裁に面罵され、面談中に倒れる。以後、意識戻らず。病状等の説明一切無し。

（4月）（23年2月昇天）

昭和47年の白鳩会全国大会、50年の青年会全国大会、53年の相愛会全国大会以来の日本武道館使用が平成19年をもって終了。参加者の靖国神社参拝もほとんどなくなる。（5月）

国際教修会をニューヨークで開催、外部講師を招聘し、イスラム教に接近。（8月）

オーストラリアでの裁判、和解成立。「全面勝訴」と強弁。（9月7日）

21年度末までに、中規模多層伝達行事を原則として解消する計画を策定。これにより有名講師を呼んで大々的に講演会を行うことができなく

平成20年

なる。有力人気講師が生まれることを防ぐことを目的としたものと推測される。（10月）

団体参拝練成会の開催期間・参加資格を見直す。（10月）

〝自然と共に伸びる運動〟実現のための「第一次5ヵ年計画」第2年度（4月）

炭素ゼロ運動の徹底。日時計主義の実践。普及誌4誌の内容の見直し。2つのタイプの誌友会（従来の誌友会の他に、開催者の特技を生かした誌友会＝後に技能や芸術的感覚を生かした誌友会）開催を提唱。教えを学ぶことを制限するもの。

団体参拝練成会、4泊5日から3泊4日に短縮され、参加者を組織会員に限定。団参を廃止する方向へ。
炭素ゼロのため、青年練成会、大学生練成会（20年3月開催が最後）、生学連幹部研修会（20年1月が最後）の開催計画盛られず。
「誌友会」のテーマが「絵手紙」「ノーミート料理」等カルチャー化が顕著になる。
全国大会。白鳩会はメインが大宮ソニックシティ、サブが宇治会場。相愛会・栄える会と、青年会は飛田給道場で開催。（5月）
株式会社光明思想社の設立。（6月24日）
5回目の教修会。「イスラームの寛容性を学ぶ」をテーマに。地方講師会長は招集せず。外部講

清超先生通夜に、荒地浩靖氏、宮澤潔氏参列させず。一旦許可した谷口恵美子先生を「アンタ」呼ばわりする。（近親者証言）

師も講演。（7月）

谷口清超総裁昇天。（10月28日）

諡号「實相無相光明宮弘誓通達大慈意大聖師」。「大聖師」は谷口雅春先生のみとの谷口清超先生の遺志を完全無視。（12月17日）

平成21年

総本山での代表者会議にて「炭素を減らししつつ運動を伸ばそう」と発言。（2月）

教団本部・日本教文社と、生長の家社会事業団・光明思想社との間で、『生命の實相』・聖経の著作権を巡る裁判が始まる。（2月27日）**25年5月に最高裁判決で生長の家社会事業団・光明思想社が全面勝訴。**

奥津城での谷口清超総裁納骨式では親族も排除。（2月）

総裁法燈継承祭を行い、総裁に就任。（3月1日）

谷口純子白鳩会副総裁も同総裁に就任。

谷口恵美子先生から家賃を徴収。毎月100万円（内40万円は家事手伝いの本部職員の人件費）。（3月）

日本教文社に対する訴訟が起こされた直後、日本教文社取締役を退任。（3月）

「朝日新聞」を推奨し、民主党支持を表明。

20年度、オーストラリア裁判弁護士報酬料1億8613万円を支出。（3月）

平成22年

新年祝賀式で、自分勝手な「四無量心を行ずる神想観」を作成し、信徒に強要。

教化部長の四者査定制度導入。

『聖経 甘露一切を霑す』 光明思想社より発行。（3月1日）

『ひかりの言葉』22年版から、谷口雅春先生、清超先生、雅宣氏三者の文章で構成される。監修なく、本部の編集扱い。

山梨県北杜市に〝森の中のオフィス〟用の土地（約7万平方メートル）を購入。15年度に運動方針掲げて以来七年越し。（3月）

『肉食と世界平和を考えるⅠ　2006年・ブラジルにおける世界平和のための生長の家国際教修会の記録』（国際部監修）、『肉食と世界平和を考えるⅡ　平成18年度（2006年度）生長の家教修会の記録』（教化・講師部監修）を発行。（3月）

生高連幹部研修会。「炭素ゼロ」のため開催せず。以後開催されず。（３月）

21年度、オーストラリア裁判弁護士報酬料163万円を支出（14年度からの累計４億９３４０万円）。ニューヨーク会館買収貸付金融資免除＄２、４７５、２１０（３億７８７０万７１３０円）、同改修貸付金融資免除＄２１５、０００（２９５３万２５０円）。森の中のオフィス建設、土地購入費、調査費等３億９５０３万円。（３月）

〝自然と共に伸びる運動〟実現のための「第一次５ヵ年計画」第４年度（４月）

運動方針書、３割削減し、39頁の薄さ。

３普及誌、１機関誌体制。『光の泉』『理想世界』『理想世界ジュニア版』消滅。機関誌となった『生長の家』は雑誌名としては復活。

伝道方法も見直し、幾多の人を救ってきたポスト愛行は行わないことに。

太陽光発電や小型風力発電装置を設置する会員、電気自動車を購入する会員への助成。

ブラジルにおける植林活動の実施。

環境・資源・生命倫理等について、他団体と協力・対話の開始。

「講習会推進活動において、会員相互間のつながりを深め、〝愛の共同体〟としての宗教本来の姿を表現する」家族で参加できる誌友会等をうたう。

ポスティングジョイ活用の推進。

生高連幹部研修会の開催計画盛られず。

全国大会に代わり、全国幹部研鑽会。白鳩会はメインは大宮ソニックシティ、相愛会・栄える会はメインはよみうりホール。サブ会場

として、札幌、宇治、福岡。青年会はよみうりホール一会場。青年会の参加対象は初めて会員に限定される。（5月）

6回目の教修会。「自然と人間との関わりを考える」をテーマに。会場は初めて本部会館ホール。前回同様、本部講師（補）のみ。

盂蘭盆供養大祭の浄火の儀。霊牌焼却によるCO_2削減のため燻炭化する。（8月）

3事業所（本部、東京第一、飛田給）に電気自動車を導入。（8月）

森の中のオフィスの建設予定地で地鎮祭。（9月）

平成23年	代表者会議で「第一線の息吹をフィードバックしよう」と話す一方で、自分が「聖」であると図解する。（２月） 東日本大震災の被災地を視察。宮城県教化部も訪ねる。仙台市内に投宿。（４月）	22年度、森の中のオフィス建設、土地購入費、調査費等３億４２７４万円を支出。 〝自然と共に伸びる運動〟実現のための「第一次５ヵ年計画」第５年度（４月） 「国際平和幹部養成計画」の検討。（生長の家幹部ではない） ドイツでの国際教修会の開催。（150人の参加者のために４千万円を計上） ただ２つの運動目標である普及誌購読者、聖使命会員の目標値は、各教区組織とも前年度成果（年度平均値）の１％増となる。 「生長の家地域協力体」のモデル実験。（モデ

ル教区の一つ、新潟北越教化部長の畑山宏氏が理事及び参議に就任）
「技能や芸術的感覚を生かした誌友会」は相・白・青の枠組みを超えて自由に参加できることになる。

23年度予算として、森の中のオフィス建設35億3437万円、電気自動車6億円を計上。

第三回の全国幹部研鑽会。白鳩会は大宮ソニックシティ、相愛会・栄える会と青年会全国大会は山野ホールがメイン会場。それぞれサブ会場として、8会場、6会場、5会場を設置。（5月）
総本山団体参拝練成会のプログラムから〝大日本神国観〟が消える。（5月）

「谷口雅春先生二十六年祭」

で、「総本山は〝聖地〟ではない」と発言。（6月）

ロンドンで一般講演会。原子力利用の停止を訴える。（8月）

盂蘭盆供養大祭の中で東日本大震災物故者追悼慰霊祭。

※挨拶の中で、大東亜戦争侵略論を改めて取り上げる。（8月）

単行本となって巻を重ねて来たブログ「小閑雑感」

ドイツで国際教修会。テーマは「自然と人間との共生・共存に向けた教典解釈に学ぶ」。（7月）

ブラジル伝道本部における谷口雅春先生はじめ四先生の著書の翻訳・出版に係る印税を24年1

は「下書き」であると発言。その後閉鎖し、新ブログ「唐松模様」とフェイスブックをはじめる。（9月14日）新しい形となった理由は、「小閑雑感」中にゴーストライターの代筆があったことが発覚したためと思われる。

世界聖典普及協会に対する訴訟が起こされた直後、世界聖典普及協会理事を退任。

月から徴収することを、責任役員会で決定。（9月）

『生命の實相』品切れで練成会等のテキストにしないよう通達。（11月4日）

世界聖典普及協会製作の「『甘露の法雨』カセットテープ」印税未払問題で生長の家社会事業団が提訴。（11月17日）（平成28年3月、最高裁で生長の家社会事業団が全面勝訴）

平成24年

『大自然讃歌』『観世音菩薩讃歌』発行。（聖経代替として）
※「聖経」を補強する必要ありとの理由。

普及協会ヒット商品『誌友手帳』が平成23年版をもって廃刊。理由は、一部用途が重なる『日時計日記』の頒布増をはかるためと推測される。

新編『生命の實相』光明思想社より刊行開始。（1月1日）

平成21年から始まった生長の家社会事業団等との裁判の知財高裁判決で教団が敗訴したことを、教団ホームページに掲載。引き続き、連続して知財高裁の判決に対する声明文を掲載。（1、2、3月）

〝自然と共に伸びる運動〟実現のための「第二次5ヵ年計画」第1年度（4月）

生長の家社会事業団・「谷口雅春先生を学ぶ会」

平成25年

職員のブラジル講演会批判を教団ホームページに掲載。（9、10月）

教団本部が聖経の献本を信徒に募るよう教化部に指示。（光明思想社版聖経の購入拒否のため）

「鎮護国家特別誓願」から「鎮護国家」を削除（2月6日）

日本教文社が生長の家社会事業団に対して、出版契約の有効の確認を求めて提訴。（2月25日）（28年3月、最高裁で社会事業団が全面勝訴）

〝自然と共に伸びる運動〟実現のための「第二次5ヵ年計画」第2年度（4月）

『生命の實相』等の著作権裁判の最高裁判決。教団・日本教文社の完全敗訴。（5月27日）

原宿の本部会館正面玄関上に安置されていた「ご神像」を撤去。「森の中のオフィス」へ搬送。（5月30日）

※古毛布にくるまれ、土足で踏みつけられながらの撤去作業。本部職員の見送りなし。

「栄える会」の会則から「本会は聖典『生命の實相』の精神を信奉し、…」の文言削除。（7月3日）

「教職員会」の会則から「『人間神の子の実相』『日本国の実相』『天皇の実相』を顕現し真に平和な世界の建設に寄与する」の文言削除。（7月3日）

平成26年

ブログで安倍首相の靖国参拝を批判。（12月31日）

東京都知事選挙で、共産党が推薦する宇都宮候補を支持。（2月）

谷口恵美子先生が薬の副作用によると思われる意識朦朧の中、「財産管理契約」

教団が著作権者（生長の家社会事業団）を無視して「お守り『甘露の法雨』」を製作し続けたため、社会事業団が東京地裁に提訴。（10月28日）

原宿の「本部会館」の解体が始まる。（1月10日）

総本山で執り行われた「総裁法燈記念式典」において「實相」額が覆い隠される。（3月1日）

〝自然と共に伸びる運動〟実現のための「第二次5ヵ年計画」第3年度（4月）

及び「成年後見制度」によって通帳と印鑑を預けられる。（近親者証言）

谷口恵美子先生、軟禁状態のお山から高知へ脱出。（4月）

幹部研鑽会等で「日本の皇室でも、韓国から招いた時期もある」（4月）と講演し、機関誌『生長の家』7月号に掲載。

「集団的自衛権」に反対を

総本山での「神武天皇陵遥拝式」後の「大日本神国観」実修を取り止め、「基本的神想観」に変更。（4月3日）

『生命の實相』等の著作権を巡る最高裁判決に対して、谷口雅春先生ご揮毫「實相」（本尊）と「光輪卍十字架図」を「娯楽施設の提供」「香水類」等と同種の商標として登録する。（4月18日、9月26日）

「谷口雅春先生を学ぶ会」に対し、「實相」及び「光輪卍十字架」の使用を認めない旨の「内容証明での通告文」送付。（5月14日）（現在、知財高裁で係争中）

表明し、改めて「大東亜戦争」を否定し、「占領憲法」を「平和憲法」として擁護する。（ブログ「唐松模様」7月3、5日）

平成27年

「大調和の神示祭」が廃止となる。（9月27日）

「天女山ヒルクライム」を実施。（10月25日）

龍宮住吉本宮のご祭神が変更される。（11月21日）

「宇宙浄化の祈り」が廃される。（11月21日）

お守りに関する東京地裁の判決で教団本部が敗訴したことをホームページに掲載。（3月27日）

〝自然と共に伸びる運動〟実現のための「第二次５ヵ年計画」第４年度（４月）
青年会全国大会中の飛田給練成道場で、大拝殿の壇上に自転車が持ち込まれる。（４月29日）
新たな経本『万物調和六章経』が、聖経『甘露の法雨』に代わり永代供養の「御霊代」になる。そのため、「宝蔵神社祭祀に関する規約」を改正。（５月13日）
「聖使命感謝奉納祭の祝詞」から〝住吉大神〟〝聖経読誦〟が外される。（６月３日）
「生長の家青年会」の宣言綱領が廃止、「Our Vision」となる。（７月８日）

「自然の恵みフェスタ二〇一五」でバットマンに扮装。（10月24日）

自らのブログで「SNIオーガニック菜園部は、『ノーミート、低炭素の食生活』を実践するための組織です。SNI自転車部は、『省資源、低炭素の生活法』を具体的に進める組織です。そしてSNIクラフト倶楽部は、『自然重視、低炭素の表現活動』の場と

谷口雅宣著『万物調和六章経』に「大調和の神示」が無断転載されていたため、著作権者である生長の家社会事業団が東京地裁に提訴。（10月20日）

『万物調和六章経』が〝お守り〟として発売。

平成28年

して作られた組織です」と書き込む。（11月19日）

「自民党に投票するな」と自身のブログで発言。（6月）

生長の家総本山から「住吉大神」の御神符がなくなる。（1月）

〝自然と共に伸びる運動〟実現のための「第二次５ヵ年計画」最終年度（1月）

教団本部内に、ＳＮＩオーガニック菜園部、ＳＮＩ自転車部、ＳＮＩクラフト倶楽部を創設。（同好会ではなく、業務組織）

菅野完著『日本会議の研究』を世界聖典普及協会で取扱。（6月）

最高首脳者会で「自民党とその候補者を支持しない」ことを決定。事実上の日本共産党支持を表明。（6月8日）

機関誌『生長の家』に「『日本会議の研究』について」と題する文章掲載。当該書籍を紹介し、推薦。併せて安倍首相批判。（7月号）

機関誌『生長の家』7月号で「特報」と称し、「今夏の参議院選挙に対する生長の家の方針を公開！『与党とその候補者を支持しない』」の大特集を組む。

第３部　年表解説

1　聖典・聖経の隠蔽

⑴谷口雅春先生の聖典32点の絶版

昭和61年以降数年間にわたり、内容上問題があるという理由で、谷口雅春先生の聖典のうち、重版を停止する聖典がリストアップされ、次々と重版保留（事実上の絶版）にされる事態が出現するに至った。現在、「内容上の理由による」として絶版になっている聖典は以下の通り。

古事記と現代の預言
神ひとに語り給ふ　神示講義　教の巻
神の真義とその理解　住吉大神顕斎の意義
碧巌録解釋　前篇
碧巌録解釋　後篇
實相研鑽1　悟りを深めるための相互研修〔第一集〕
實相研鑽3　悟りを深めるための相互研修〔第三集〕
若人のための78章
霊性の目覚め　谷口雅春著作集第6巻
第二青年の書
人生の秘訣365章
奇蹟を生ずる実相哲学　下
實相と現象　谷口雅春著作集第4巻
人生を前進する　新選谷口雅春法話集9

私の日本憲法論
我ら日本人として　新選谷口雅春選集8
聖なる理想・国家・国民
国のいのち 人のいのち
美しき日本の再建
日本を築くもの　新選谷口雅春選集14
占領憲法下の日本
続占領憲法下の日本
占領憲法下の政治批判
明窓浄机　草創篇　昭和5年〜昭和12年
明窓浄机　発展篇　昭和13年〜昭和15年
明窓浄机　飛躍篇　昭和16年〜昭和19年
明窓浄机　戦後篇　昭和20年〜昭和28年
明窓浄机　新生篇　昭和29年〜昭和31年

明窓浄机　修練篇　昭和32年～昭和34年4月
生長の家三十年史　生長の家本部編纂
生長の家四十年史　生長の家本部編纂
生長の家五十年史　生長の家本部編纂
※新編 聖光録
※白鳩愛唱歌集〈母と子のうた〉生長の家本部編
※魂のふるさと――宇治（宇治別格本山編）

絶版になる規準は大まかに言って、次の5点の理由による。

①「聖戦としての大東亜戦争」が説かれている聖典。（谷口雅宣氏の「大東亜戦争侵略説」に反するもの）（『神ひとに語り給ふ』等）
②真理国家日本の実相顕現や憲法問題、政治問題（特に生政連）に関わる文章がある聖典。（『私の日本憲法論』等）
③谷口雅春先生の尊いご業績（生長の家の歴史）が書かれている聖典。（「生長の家の年史」

や『明窓浄机』等）

④谷口雅宣氏に異を唱え、自分の立場を脅かす人物が登場する聖典。（『奇蹟を生ずる実相哲学』（下）に宮澤潔氏が紹介されている）

⑤その他（『人生の秘訣365章』の根拠は定かではないが、当時教団内で流行した「波動説」が紹介されているためと推測される）

これまで、聖典の出版については、事前に、日本教文社が「審議事項」として教団理事会に送付して了承を得ていたが、教団理事会で絶版に関して議論が紛糾したため「決定事項」とはならなかった。そのため日本教文社サイドは出版に関して、これを「報告事項」として理事会に送ることにした。「報告事項」であれば、日本教文社が決定したことに教団が異議を差し挟むことができなくなり、日本教文社の単独決定が可能となるからである。こうして、谷口雅春先生の聖典の絶版を既成事実化したが、日本教文社がこのような権力行使を教団の理事会に対して行ない得る人物は谷口雅宣氏しかいない。こうすることで、社外取締役である谷口雅宣氏は、日本教文社を使って、谷口清超総裁と教団理事を思い通りに動かしたのである。

⑵谷口雅春先生の新刊聖典の発行停止について

谷口雅春先生の聖典は、『生命の實相』をはじめとして、そのほとんどが先ず『生長の家』誌等に発表され、その後に単行本化されてきた。新たに月刊誌からご文章を集め単行本として出版する聖典が「新刊聖典」であり、多いときで年間十数点の新刊聖典が出版されてきた。いまだ膨大な量のお原稿があるため、昭和60年の谷口雅春先生のご昇天後も新刊聖典の発行が続けられてきた。

しかし、平成4年7月15日、日本教文社取締役会において「今後、一切の谷口雅春先生の新刊聖典は発行しない」との決定がなされた。

この取締役会は、東京渋谷の東急イン会議室で開かれ、出席者は、代表取締役・中島省治氏（社長）、常務取締役・鈴木卓郎氏（調整部長）、取締役・宮本三男氏（庶務・経理部長）、取締役・永井光延氏（第二編集部部長）、取締役・辻信行氏（第一編集部部長）、非常勤取締役・谷口雅宣氏（生長の家副総裁）、非常勤取締役・三浦晃太郎氏（生長の家本部理事）、非常勤取締役・磯部和男氏（生長の家本部理事）の8名であった。

冒頭、磯部和男氏から谷口雅春先生の新刊を今後停止したいとの提案があった。その理由は次の3点である。

①現在の生長の家は、会員信徒とそうでない信徒を明確に区別する両軸体制下にある。谷口雅春先生のご文章は両軸体制以前の神誌時代のご文章である。だから誰に読ませるご文章であるか分からないので現在の生長の家には相応しくない。(谷口雅春先生の『聖典』はもう古い)

②谷口雅春先生はすでに故人であり、ご本人の了承のない著書を第三者が勝手に出版し続けることはおかしい。

③谷口雅春先生の法燈は、現在、谷口清超先生、谷口雅宣先生に継承されており、お二人に中心帰一しなければならないから、谷口雅春先生の新刊書を出版する必要はない。

この発言に対し、日本教文社サイドの取締役から種々反対意見が出され議論が紛糾した。中島省治社長は事態の収拾を図るため、生長の家総裁・谷口清超先生にお伺いしてから決定してはどうかと発言した。しかし、谷口雅宣副総裁はそれを制し、ただちに決を取るよう命令に近い提案を行った。この鶴の一声の結果、磯部和男氏の提案が可決された。

この決定を知った生長の家理事長・黒河内潤氏は、十九日後の8月3日、中島省治社長に、報告書を提出してほしいと要請した。これを受けて日本教文社の中島省治社長は黒河内潤理事長に報告書を提出した。

この報告書に対し、平成4年8月7日付で、黒河内潤・生長の家理事長名で中島省治社長宛「谷口雅春先生の新刊書発刊の方針について」と題する文書が届けられた。その文書の要点は以下の通り。

①運動方針に沿った出版のため、谷口雅春先生の新刊聖典を発行しないとの理由のようだが、それは編集次第である。

②谷口雅春先生が故人であるため、著者の承諾なしの出版は認められない、との理由だが、法燈を嗣《つ》いだ谷口清超総裁の承認があればよい。

③谷口雅春先生が設立された出版社である日本教文社が、勝手に取締役会でこのような方針変更を決議したことを遺憾に思う。

この文書は明らかに「新刊聖典出版中止」決定に反対する強い意思表示の文書である。

この文書が出された背景は、谷口清超総裁が日本教文社の今回の決定に強い不満があったからである。黒河内潤氏は次のように中島省治社長に語った。

「谷口清超先生は、自分に『このまま報告書（日本教文社から黒河内潤理事長に提出した報告書）を受理すれば、これを了承したことになる。問題や疑問はないのか、もしあれば日本教文社に問いただす必要がある』とご発言になったので、平成4年8月7日付上記文書（「谷口雅春先生の新刊書発刊の方針について」）を作成した。そして、この文書を総裁先生にお見せしたところ、『この通りである、僕もサインしようか』と発言された。しかし、谷口清超先生はすでに谷口雅宣副総裁から7月15日の取締役会での決定事項の報告を受けてご了承していることから推測して、権限を谷口雅宣副総裁に委譲していると見た方がよい。また、磯部和男氏の提案であるようだが、磯部和男氏の用心深い性格から考えて、単独でこのような重要な提案をするとは考えにくく、事前に谷口雅宣副総裁と打ち合わせて行った連携プレーだろう」

以上の経緯をもって、以後、今日に至るまで谷口雅春先生の新刊書はまったく出版されていない。（『大聖師御講義『続々甘露の法雨』』は平成5年の新刊聖典の出版であるが、これは当時の副理事長・谷口貴康講師部部長の強い働きかけで出版したものであるが、明らかに谷口雅春先生の単独のご著書であるにもかかわらず、「谷口雅春著」とせず「谷口清超編纂」としたのは、上記決定に対する苦肉の策であり、例外的出版であった）

⑶その他の新刊書出版停止

A『魂のふるさと——宇治』（宇治別格本山編）

宇治別格本山での精霊招魂神社で捧げられた谷口雅春先生の祝詞を改竄したため、谷口雅春先生の祝詞が収録されている本書を絶版とし、新たに自らの改竄祝詞を収録した『聖霊天降る宇治』を宇治別格本山から出版させた。（これも批判を恐れたためか後年絶版とした）

B 中村燦氏著『大東亜戦争への道』

出版直前で社内自主規制により出版取り止め。

C 明星大学教授・高橋史朗氏の新著出版企画停止

谷口雅宣氏承認のもとに進められていた高橋史朗氏の新刊企画が、突如、谷口雅宣氏の鶴の一声で出版が停止された。

D　蔡焜燦氏著『台湾人と日本精神』出版停止と回収

本書出版当時、日本教文社の新刊書は谷口雅宣副総裁の承認を経て発行が正式に決まっており、当該書もその手続を経て出版された。当時の谷口清超総裁も大変評価し、日本教文社にとって久々のベストセラーとなり、発売数ヵ月で7万部を突破し、さらに売上げが急上昇していた。ところが、突然、取締役会での谷口雅宣氏の発言で出版停止となり、既に書店で流通している書籍をすべて回収することとなった。そのため、著者である蔡焜燦氏が日本教文社を訴え、東京高裁で原告側の勝訴に等しい和解となった。日本教文社は和解に基づき、謝罪広告を産経新聞等に掲載した。

２　「環境保護運動」への道行き——教団運動方針の推移

ここでは、谷口雅宣氏が、昭和63年に生長の家副理事長に就任してから教団の実権を握っていく過程において、いかに教団を恣意的に変容させたかを、教団の「運動方針」を時系列で見ていく。

①「両軸体制」の真の意図

昭和63年の「二十一世紀に向けた第一次六ヵ年計画・第２年度」の運動方針により、両軸体制への移行が具体的に示された。そして翌年（平成元年）の運動から、4普及誌、3機関誌の「両軸体制」がスタートした。

ここで〝第一の柱〟として標榜されたのが、「開かれた生長の家」計画である。そもそも生長の家はこれまで一度たりとも〝閉ざされた〟ことはない。谷口雅春先生は立教以来、全人類に真理を大々的に宣布され、「講習会」「文書伝道」という2つの柱によって真理普及に取り組まれてきた。それをあえて〝開かれた〟という文言を使うことで、あたかもこれまでの運動に何か閉塞感があったかのような暗い心象づけを行った。

この「両軸体制」により、これまでの「神誌」は否定された。そもそも、尊師・谷口雅春先生によって『生長の家』誌が創刊されてから、読むだけで病気が癒えるなどの奇蹟的な体験が数多く生まれ、単なる精神修養の雑誌ではないということで、読者の間から誰言うともなく「神誌」と言われるようになった。その「神誌」という言葉そのものを、谷口雅宣氏は忌み嫌っていたと思わずにはいられない。

本来、「聖典」と言わるべきは尊師・谷口雅春先生のご著書のみであるべきはずが、谷口雅宣氏は、生長の家における「聖典」は谷口雅春先生をはじめとする四先生の著書とした。のみならず、事あるごとに「谷口雅春先生は一度ならず失敗した」「『生命の實相』に書かれていることにも間違いがある」などと言い放った。そうして〝自爆テロ〟を連想させる〝原理主義〟という言葉を持ち出して、「聖典を字句通りに解釈するのが〝原理主義〟である」と規定した。こうして、谷口雅春先生の聖典を信徒が純粋に拝読し信仰しようとする姿勢を牽制した。

このように、谷口雅宣氏は「神誌」についてもその神聖性を打ち消した上で、普及誌・機関誌の「両軸体制」の名の下に、谷口雅春先生のご文章をほとんど掲載しなくなり、谷口雅春先生のお写真も巻末の「生長の家」の紹介欄以外には皆無となった。信徒からできるだけ谷口雅春先生を遠ざけたのである。

「両軸体制」は、谷口雅宣氏が好んで使用する「二元論」の展開で行われた。すなわち、卵の黄身・白身の考え方で、黄身である「会員向け」の機関誌と、白身である「新人向け」の普及誌というものである。この「二元論」は、その後、真理についても「核心部分」（黄身）と「周辺部分」（白身）という言葉を用いて御教えの相対化を図ったが、谷口雅宣氏の思考傾向には常にこの「二元論」が底流にある。

谷口雅宣氏の主導によって始まった「両軸体制」という名の〝新しい運動〟は、何ら教団発展の成果をもたらさず、年々、普及誌の購読者、購読部数、組織会員数が右肩下がりに激減して行き、「両軸体制」という言葉そのものも教団の運動方針から自然消滅していった。そのことについていまだに何の総括もなされず、その言葉すら誰も口にしなくなってしまった。

②「国際平和信仰運動」――「日本国実相顕現運動・人類光明化運動」の否定

「両軸体制」の提起から5年後の平成5年、「二十一世紀に向けた第二次計画」として、その第1年度運動方針で提唱されたのが「国際平和信仰運動」である。

その運動スローガンに掲げられたのが、「国をこえ、民族をこえて」という文言である。さらに、「国際運動としての生長の家」計画という中では、「人類光明化運動を、二十一世紀初頭には名実ともに『国際運動』として出発させる」とした。

この「国際平和信仰運動」も谷口雅宣氏によって作られた言葉であるが、その主目的は「人類光明化運動」という言葉を相対化させ、ひいては「日本国実相顕現運動」を否定することにあった。

「国をこえ、民族をこえて」運動を行うのだから、これからは「日本の国のことを言っていては時代錯誤だ」という意味である。それによって、「天皇国日本」「真理国家日本」の実相を説き、その顕現のために運動していくことを時代錯誤的だと規定した。谷口雅宣氏は、谷口雅春先生が展開されてきた日本国実相顕現運動という愛国運動を、「冷戦時代に創始者によって説かれ、すでに歴史的役割を終わった主張」だとして封印したのである。

尊師・谷口雅春先生は、冷戦時代だから「天皇国日本」を説かれたわけではない。そんな現象的な狭義な教えではなく、「中心帰一」という宇宙の根本真理である「天皇国日本の実相」の現象日本への顕現運動が「日本国実相顕現運動」である。それを「冷戦時代下」という表層的な国際政治の現象に問題を意図的にすり替え、生長の家地上出現の最大の意味を闇に葬り去ったのである。

また谷口雅宣氏は、「人類光明化」という言葉をも問題にし、それを「文学的表現」だとして〝具体性のない抽象的な言葉〞として扱った。その〝曖昧な人類光明化運動〞から「世界平和」という現代的な目的として明確化したのが「国際平和信仰運動」だと言うが、これほど独りよがりはない。

谷口雅春先生は、「世界平和の祈り」に代表されるように、祈りによる実相世界の顕現を祈りつつ、「日本国実相顕現」を通して「世界平和」を目指されたのである。それは、人類の中心者にましますʺ天皇ʺがʺ世界連邦ʺの中心者となって人類に平和をもたらすということである。これほど教えにもとづく具体的な世界平和論はない。

谷口雅宣氏は、代表者会議等で信徒から度々、「ʺ人類光明化運動ʺとʺ国際平和信仰運動ʺとはどう違うのか」と質問されても、一度たりとも明確な回答が出てきたことはない。それは、尊師・谷口雅春先生の「日本国実相顕現・人類光明化」の意味が理解できず、しかも、自身の「世界平和」の思想がきわめて幼稚で具体的道筋を立てることさえできなかったからである。

３「環境保護運動」の意図するもの

平成10年から「二十一世紀に向けた第三次計画」が始まると、翌11年には、運動方針の決議方法が変更になった。運動方針は、「拡大最高首脳者会」（全国の教化部長を含めた評議員）で決定されることとなり、それまで全国の教区幹部を含めて決議されていた「代表者会議」は単なる運動方針の発表・徹底の場になった。

そして、平成11年から「地球環境の保護に具体的に取り組んでいく」という文言が出現した。その後、生長の家全体で「ＩＳＯ１４００１」の認証取得をめざすこととなり、環境運動へのめり込んでゆく。

この環境問題を前面に打ち立てていくことで、谷口雅宣氏は、「両軸体制」「国際平和信仰運動」同様、「日本国実相顕現運動」を否定し、さらに「個人の魂の救済・国家の救済」を否定し、さらに相愛会・白鳩会・青年会という三者組織の否定を徹底させてゆく。すなわち、これまでの運動の全否定を通して、〝環境問題〟を取り上げていったのである。

この「環境保護運動」について4つの項目を設けて解説する。

①「天皇国・日本」の御教えと「日本国実相顕現運動」の否定

教団の運動方針に「地球環境の保護に具体的に取り組んでいく」という文言が登場するのは、先に述べた平成11年度(「二十一世紀に向けた第三次計画」第2年度)からである。この運動方針を発表、徹底する場である「生長の家代表者会議」の席上で、谷口雅宣副総裁(当時)は、相愛会運動方針中に書かれていた「天皇国・日本」の文言を批判し、尊師谷口雅春先生の「天皇国・日本」の御教えと「日本国実相顕現運動」を明確に否定した。

もちろん、「日本国実相顕現運動」については、昭和61年度以降、すでに「日本国実相顕現」の文言は運動スローガンから消えており、また、その6年後の平成17年2月の「生長の家代表者会議」の席上でも、「日本国実相顕現」に関連して「古いパラダイム（思考の枠組み）に縛られてはいけない」と述べた。

②〝地球があぶない〟という名目で、個人の魂の救済、国家の救済を否定

普及誌のＱ＆Ａコーナーで、「なぜ生長の家は環境問題に取り組んでいるのか」という質問に対し、ある本部講師は、「〝人間は神の子であって素晴らしい〟ということがいくら多くの人に伝わっていっても、その時に、環境破壊が進み地球に住むことが出来なくなっていてはもともこもありません」と答えた。この答えに代表されるように、「環境保護運動」は、〝環境破壊は国を超え民族を超えた問題であり、その解決のために重要〟という名目で、「個人の魂の救済、国家の救済」を二の次とする雰囲気が教団内に醸成されていった。

③原宿の本部会館解体、ご神像撤去、そして「森の中のオフィス」への移転

平成15年、森の中のオフィス構想が打ち出され、同年夏には原宿の本部に「森の中のオフィス事務局」が設置された。当時の谷口清超総裁は「本部移転はまかりならん」と明確に述べておられたが、その言葉を無視し、谷口雅宣氏は、強引に、平成25年秋、山梨県北杜市への移転を強行した。

移転に先立つ同年5月30日、長年、信徒がおろがみ仰いできた本部会館・光明の塔に安置されていたご神像が、無残にも塔から引きはがされ、古毛布にくるまれ、作業員が土足で踏みつけながらトラックに運び込まれた。この一連の撤去作業中、教団本部による何らの式典もなく、見送る教団職員もなく、ただ教団を離れた心ある信徒二十数名が、小雨降る中、解体作業の脇で聖経『甘露の法雨』の読誦を行った。その読誦に見送られ、トラック車中のご神像は、山梨県の「森の中のオフィス」に運ばれていった。

ご神像は、その後、「森の中のオフィス」敷地内の一画に野ざらしで設置されている。また、原宿の本部跡地は、光明の塔のみを残し、建物はすべて解体され、〝いのちの樹林〟なる名称を付されて公園となっている。

④迷走する「環境保全運動」

平成19年から「環境保全運動」の一貫として「〝自然と共に伸びる運動〟実現のための第一次五ヵ年計画」が始まる。その中で、「中規模多層伝達」行事を原則として解消する計画が策定される。

この「多層伝達」とか「単層伝達」などという、まったく馴染みのない、しかも意味不明な言葉が急に飛び出してくるが、これは簡単に言うと、本部講師の出張を移動距離によって制限したり、大・中規模的な講演会や見真会などの行事開催を制限させることが主目的であった。これにより、有名講師などを招聘《しょうへい》して大々的に講演会を行ったりできないようになった。また、組織の連合会長などが末端の信徒・会員を指導することができないようにした。つまりは、できるだけ信徒の人望を集めるような真理の伝道者(講師・幹部)を封じ込め、行事をさせないようにしたのである。それを「質の高い組織運動」と称したのである。

また、誌友会では「技能や芸術的感覚を生かした誌友会」なるものの開催を提唱した。これは、いわゆる誌友会を〝カルチャー教室〟化するもので、絵手紙を描いたり、活け花をしたり、ノーミートの料理をつくることである。

さらに、平成22年には3普及誌・1機関誌体制に切り替え、『光の泉』『理想世界』『理想世界ジュニア版』の誌名が消えた。これは普及誌が一貫して右肩下がりで発行部数が減少していることの対応であったろうが、部数減はとどまるところを知らずに推移している。また、平成23年には〝教勢を伸ばす〟ために、地域の環境保全活動に取り組む「生長の家地域協力体」なるものを打ち立てたりしたが、運動低迷は増すばかりであった。

⑤三者組織(相愛会、白鳩会、青年会)の否定

こうしたなか、平成27年11月19日、森の中のオフィスで開催された「生長の家代表者会議」で、プロジェクト型組織(SNIオーガニック菜園部、SNI自転車部、SNIクラフト倶楽部)の創設が発表された。

SNIとは「SEICHO—NO—IE」の略称であり、「オーガニック菜園部」は家庭菜園、「自転車部」は文字通り自転車愛好会、「クラフト倶楽部」は工作部である。この3つの部がそれぞれ独立して、相愛会、白鳩会、青年会と横並びにあり、それぞれの責任者は本部

課長級が務めている。これによって、生長の家の運動は、厳粛で、清浄で、宗教的な雰囲気を一掃し、趣味化、遊戯化、稚拙化していったことになる。

翌28年５月13日に公表された同組織の規程には、〝既存の組織に所属し、それを尊重しながら〟といいながら、「既存組織(相愛会、白鳩会、青年会)の枠や地域(教区)、国を超えて…プロジェクトの普及をはかる」と書かれていることから、今後時間をかけて、三者組織(相愛会、白鳩会、青年会)を相対化、無化し、これまでの宗教団体としての「生長の家」から、同好会的なサロン団体への脱皮を図ろうというものである。つまり「プロジェクト型組織」とは「趣味の合った人間同士の同好会」という意味である。

現に、「自然の恵みフェスタ」なる行事が平成27年10月24日に「教団本部」で行われ、谷口雅宣氏はバットマンの衣裳で現れたりした。その動きは各教区でも行われ始め、最早教団は止めどなく堕落していくしか道はない。

真理を伝えるべき講師・幹部を制限させ、組織形態を解体し、教えをカルチャー化し、遊戯化し、教えを無化することで、谷口雅宣氏は真理の〝換骨奪胎〟を図っているのである。

4 組織の破壊と変質の経緯

(1)生長の家政治連合の解体

教団は、平成28年6月9日付の「通達」――〝今夏の参議院選挙に対する生長の家の方針「与党とその候補者を支持しない」〟――の中で、昭和58年の生政連の解体を次のように説明している。

「戦後の一時期、東西冷戦下で国内が政治的に左右に分裂して社会的混乱に陥っている時、当教団の創始者、谷口雅春先生は、その混乱の根源には日本国憲法があると考えられ、大日本帝国憲法の復元改正を繰り返し主張されました。そして、その実現のために、当教団は生長の家政治連合（生政連）を結成（１９６４年）して、全組織をあげて選挙活動に取り組んだ時代がありました。しかし、やがて純粋な信仰にもとづく宗教運動が政治運動に従属する弊害が現れ、選挙制度の変更（比例代表制の導入）によって、政党と支持団体との力関係が逆転したことを契機に、１９８３年に生政連の活動を停止しました。それ以降、当教団は組織としては政治から離れ、宗教本来の信仰の純粋性を護るために、教勢の拡大に力を注いできました」

これだけを見ると、生政連の解体は、あたかも、政治活動に前のめりになりすぎて、「純粋な信仰にもとづく宗教運動」が疎《おろそ》かになったことが理由であったかのように読み取れる。現に、生政連の「活動停止宣言」で次のように説明した。

「吾々の運動は立教本来の布教使命の自覚と人類光明化運動の根本的な基盤確立が欠くべからざるものとの観点から、出来るだけ多くの国民の中に『人間神の子』と実相日本の霊的使命を伝道し、全世界の組織網を確立する事が急務と考え、生政連活動は停止されたのであって、決して後退したのではない。

それは新たなる前進である。今後は、人間神の子の真理・真理国家日本の理念を自覚した国民をもっともっと多数生み出すことにより、そうした国民の正信《しょうしん》がおのずからに、政治家は勿論、凡《あら》ゆる階層の人々に反映され、生活・教育・家庭・事業、政治の変革が実現するような状況をつくり出して行こう、とするのである。

それはこれまで以上に幅広く、根の深い雄渾《ゆうこん》な活動への重大な第一歩と云《い》えるであろう。こうした目的を達するためには、生長の家の各組織を拡大・充実させつつ、飛躍的な教勢拡大を図るほか、安易な道はどこにもあり得ない。そしてそれこそが、人類光明化運動の原点でもあるのだ。吾ら信徒一同、この原点に立ち、菩薩行《ぼさつぎょう》に邁進《まいしん》したいと決意を新たにする次第である」

しかし、これが単なる建前であり、言い訳に過ぎなかったことは、平成28年の日本共産党支持の「通達」にある次の文章を見れば明らかである。

「安倍政権は、旧態依然たる経済発展至上主義を掲げるだけでなく、一内閣による憲法解釈の変更で『集団的自衛権』を行使できるとする〝解釈改憲〟を強行し、国会での優勢を利用して11本の安全保障関連法案を一気に可決しました。これは、同政権の古い歴史認識に鑑《かんが》みて、中国や韓国などの周辺諸国との軋轢《あつれき》を増し、平和共存の道から遠ざかる可能性を生んでいます。また、同政権は、民主政治が機能不全に陥った時代の日本社会を美化するような主張を行い、真実の報道によって政治をチェックすべき報道機関に対しては、政権に有利な方向に圧力を加える一方で、教科書の選定に深く介入するなど、国民の世論形成や青少年の思想形成にじわじわと影響力を及ぼしつつあります」

このどこに「純粋な信仰にもとづく宗教運動」を読み取ることができるだろうか。まるで、これは「安倍内閣打倒」の政治アピールそのものである。

結局、生政連解体は「純粋な信仰にもとづく宗教運動」のためではなく、今日まで30年間、谷口雅宣氏の心の内に巣くっている左翼的思想に反し、生政連が主体となって取り組んでいた〝愛国活動〟そのものを停止したかったからだということが明らかになったのである。

(2) 青年局（青年会中央部）の解体

かつて青年会の全国大会・青年特別教修会は、3日間開催され、谷口雅春先生はじめ輝子先生、清超先生、恵美子先生から直接ご指導していただく唯一の場であった。その全国大会が、昭和54年に2日間の開催に、58年からは1日開催へとその規模が縮小されていった。それでも、親しく谷口雅春先生からご指導いただき、教えを純粋に生きようと、青年会は熱意の漲《みなぎ》った運動を展開していた。

しかし、谷口雅春先生がご昇天された直後の昭和60年8月28日の理事会で、青年会運動を牽引していた当時の青年会長、副会長はじめ青年会中央部の幹部が次から次と処分を受け、青年局は解体されていった。その理由は「生政連解体」の理由とまったく同じである。当時の青年会長は総本山の一職員として、副会長はハワイへの転勤が言い渡された。総本山で泥まみれになっている元会長の姿を見た当時の青年会員は、その姿に「血の涙」を流したと言われている。これ以降、青年会の組織はみるみる弱体化していくことになった。

(3)理事会権限の縮小――「参議制度」の新設

この「参議制度」新設によって、谷口雅宣氏は教団の資金と人事を握る絶対権力者となり、教団を完全な支配下に置いた。この制度がどんな経緯で誕生したのかを見ていく。

教団の最高意思決定機関は理事と教化部長を合わせた拡大最高首脳者会であったが、日常的な意思決定機関は理事会であった。その理事の選出は、評議員である教化部長の過半数の賛成を必要とした。

平成12年5月2日、谷口雅宣氏(当時、総裁代行)は自分の意向に添った理事の選出を図るが、教化部長の多数決により否決される事態となった。これに腹を立てた谷口雅宣氏は、自らの意向がストレートに反映する機構改編に着手する。それが「参議制度」である。

この「参議制度」が実現すれば、教団の意思決定機関である「最高首脳者会」を参議で構成し、その参議は、教化部長の多数決を経ないで、自分の意のまま(独裁的手法)に任命できる。これで、谷口雅宣氏は、参議はおろか教化部長の任免の決定権まで持つ独裁者の地位を得ることになり、谷口雅宣氏に反対を唱える理事及び教化部長は徹底的に排除され、イエスマンのみを本部の役職者とすることが可能となる。

平成13年11月20日、志ある教化部長が立ち上がり、公然とこれに反旗を翻した。その結果、この提案は一旦は継続審議となったが、この顚末に腹を立てた谷口雅宣氏は、平成14年1月22日に行われた運動方針決定のための「拡大最高首脳者会」の会場の最前列に、見せしめのように11月の会議で反対した十数人の教化部長を並ばせ、批判の矢面に立たせた。この露骨な弾圧を目の当たりにした他の教化部長は雪崩《なだれ》を打って賛成に廻り、「参議制度」は可決された。

そして、反対した教化部長の多くは、報復人事として左遷及び更迭された。

これ以降、教団は、谷口雅宣氏の独裁体制が確立し、金も人事権も握って、あらゆる権限を使って教団を意のままに動かすようになった。谷口雅宣氏に抵抗することはもはや不可能となった。

なお、これだけ大きな機構改革を谷口清超総裁が黙って見過ごしたのか、というもっともな疑問もあるが、それをさかのぼること9年前の平成4年頃の谷口雅春先生聖典の絶版決定時にすら谷口清超総裁は無力であったことを思えば、ある意味当然の帰結だったと言えよう。

(4)「新教育者連盟」(新教連)の切り捨て

「聖使命」新聞平成15年12月1日号は、「宗教法人『生長の家』新教連との関係を解消」

との見出しで次のように報じた。

「宗教法人『生長の家』は、財団法人新教育者連盟（新教連）を生長の家とは別団体として位置付け、今後の一切の関係を解消することになった」

その理由は、新たに「公益財団法人」の法制度が作られ、新教連がそれに移行した場合、新教連は監督官庁から厳しい指導監督があるため、法的に宗教法人である生長の家とは共同歩調が取れなくなるから、というものであった。

しかし、今日に至るも、公益財団法人に移行した団体が宗教法人を含めた他団体と関係を解消したなどの話はどこからも出ていない。実態は、教団がこの機を利用して徹底的な新教連潰しを行ったのである。そうでなければ、平成16年4月1日以降の教団の徹底した新教連対応の行動は説明がつかない。

①新教連理事をはじめとする新教連役職から本部職員が全員外れる。
②生長の家教団からの種々の支援が完全に打ち切られる。
③新教連の事務所が原宿の生長の家本部会館から追い出される。
④各教区の新教連支部長の9割以上が新教連を去る。

⑤残った支部長にも磯部和男教化・講師部長名で地方講師辞任を迫る文書を送付。
次々と人的・物的・組織的な全面的関係解消が起こり、「一切の関係を解消する」との宣言に相応しい徹底振りとなった。ほとんどの信徒にとっては〝寝耳に水〟の驚天動地の処遇であった。これは信教の自由をも侵す憲法違反ですらある。なぜ、教団はここまで徹底して新教連潰しを行ったのか。それは、新教連が谷口雅春先生の設立された団体であったからである。

有体《ありてい》に言えば、井上雅夫新教連理事長（当時）の排除と「愛国団体たる新教連つぶし」が狙いであった。教団は、新教連理事長・井上雅夫氏の排除を通して新教連の骨抜きを狙い、その試みが失敗するや、谷口雅宣氏は新教連そのものを潰す暴挙に出たのである。

その一連の動向は以下の通りである。

平成12年7月頃、新教連・生教会では、運動方針作成のため、今後の生長の家の教育運動についての話し合いが行なわれた。その際、学校建設、愛国心を涵養する教育、教育勅語や古事記を積極的に教えることなど教育正常化運動が議論され、同席していた吉田晴彦生長の家理事長をはじめ、本部理事兼務の役員も大賛成し、平成13年度の「生長の家運動方針」の中の「新教連・生教会運動方針」にできるだけ盛り込むことを決めた。

しかし、その後「谷口雅宣総裁代行が愛国的教育や学校建設に賛成していない」旨の意向が伝えられると、新教連・生教会は自主規制によって平成13年度の運動方針原案への盛り込みを断念することとした。

そこで、学校建設問題などについて、平成13年2月末開催される「生長の家代表者会議」で発言し、全国の生長の家幹部に教育正常化運動の象徴的事業として強く訴え、大きな流れを起こすことを決めた。

その生長の家代表者会議で学校建設や教育正常化などの発言がなされたが、本部側執行部は曖昧で不誠実な受け答えに終始した。このやり取りに義憤を感じた井上雅夫新教連理事長は、「教団として何か夢のある方針を立案して、信徒に明るい目標を持ってもらうようにしてはどうか。そのために谷口雅春先生も総本山に建設されようとした学校建設を高らかに掲げてはどうか」と発言し、会場からは井上雅夫理事長を支持する拍手が多数起こったが、遂に谷口雅宣氏の意向を気にする吉田晴彦理事長からは明確な答えがないまま代表者会議は閉幕した。

この代表者会議後、吉田・井上会談が行なわれた。ここではかなりの激論となったようであるが、吉田理事長からは何も誠意ある発言はなかった。

翌平成14年2月の生長の家全国代表者会議で、再び井上雅夫理事長が発言した。この時は学校建設問題などには触れず、「生長の家は日本で谷口雅春先生が始められた光明化運動である。日本には素晴しい日本の文化と伝統を表している元号があるので、運動方針書の年度表記には元号を使うべきである。海外版の運動方針書のみに西暦を使用すべきではないか」等の新教連・生教会の従来からの総意を代弁した主張を展開した。この時も、会場からは井上雅夫理事長を支持する拍手が多数起こった。

この2ヵ月後の平成14年4月、新教連・生教会の定期役員改選が行なわれた。これまで井上雅夫新教連理事長が生教会会長を兼任していたが、この改選期を捉え、吉田晴彦生長の家参議長と三浦晃太郎生長の家参議・理事(新教連担当理事)は、事前の井上雅夫氏排斥の多数派工作を画策し、野沢幸平新教連理事の新教連理事長・生教会会長の担ぎ出しに奔走した。

生教会は正式名称を「生長の家教職員会」と言い、発足当初は新教連内部に置かれていたが、昭和40年、生長の家本部に移管され、相愛会、白鳩会、青年会、講師会、栄える会同様、生長の家信徒の教職員で構成する生長の家教団傘下の会である。従って、生教会そのものに人事権はなく生長の家本部に人事の決定権があった。しかし、組織の実態はともに生長の家の教育組織として新教連と不可分の関係にあった。そこに井上雅夫氏に替わり野沢幸平氏が指名されて生教会会長となった。

一方、新教連は財団法人であるため、新教連理事長は新教連理事会での選挙で決定される。吉田晴彦生長の家参議長と三浦晃太郎生長の家参議は、新教連理事に多数派工作を行い、野沢幸平氏選出を試みたが、選挙の結果は井上雅夫氏が再選された。ここに、生長の家の二つの教育団体にそれぞれ別のトップが誕生したことになる。

そして、前述したとおり、平成14年5月から新教連内部に「規約改正等検討委員会」が設置された。これは先の「聖使命」新聞が報じた如く、政府の方針として監督官庁による公益法人への監視の目が厳しくなることに対して、民法上の公益法人として、つまり新教連が公益財団法人として今後も活動を続けていくことを規約上からも確保するため、諸内規の見直し作業を行なうためであった。

しかし、これは生長の家教団と完全に縁を切るための見直しという意味ではいささかもなく、単に財団法人としての独立性を保つという意味であって、谷口雅春先生の「生命の教育」を根幹に据え、生長の家との組織的繋《つな》がりを保ち、人的繋がり、物的繋がりを保つことに何らの変更を加える意味ではなかった。

しかし、教団は、新教連のこの規約変更の動きを新教連切り捨ての口実に利用したのである。先に述べたように、谷口雅宣氏の方針に敢然と意見を述べ、愛国の情厚き井上雅夫理事長の更迭《こうてつ》に失敗した谷口雅宣氏と教団執行部は、井上雅夫理事長とともに神の子の教育、愛国心教育、神話教育、道徳教育などを通して谷口雅春先生の「生命の教育」を提唱実践する新教連という組織をまるごと切り捨て、人的・物的・組織的支援を打ち切ることで新教連の自滅を待つという暴挙に出たのである。そのように捉えると、なぜ地方講師や信徒の新教連所属を執拗に妨害したのか理解できる。

新教連が生み育ててきた「生命学園」「母親教室」を取り上げ、新教連の組織自体を教団の完全支配下に置き、一切の独自の教育活動を奪っておきながら、それでも尚、愛国心教育の方針を採り続ける新教連という組織と、そして自分の意に沿わない愛国者を弊履《へいり》の如く冷酷に切り捨てる非情さによって、新教連の切り捨てが行なわれたのである。

(5)「生長の家青年会」の完全変質

平成27年7月8日の「最高首脳者会」で「会則の一部改正」という議案の中で、生長の家青年会の「宣言・綱領削除」という議題が提出され、次のように変えられた。

「『生長の家青年会　Our Vision』

〈前文〉

人口増大と資源枯渇、気候変動が進行する21世紀の現代、立教以来の念願である世界平和実現のためには、『自然と人間が共存する新たな文明』への転換が不可欠である。私たちは、もちまえの行動力を存分に発揮し、多様な才能の開発と柔軟な発想を結集して、以下の具体策の実践を通して、〝人間はみな神の子であり、地球上のすべての生物も神の生命の表現である〟との教えを多くの人々に伝える。しかして私たちは、それぞれの場所で『自然と調和した生き方』のモデルとなり、新文明構築の潮流を起こさんとするものである」

この宣言からは、もはや「生長の家青年会」から〝愛国青年〟が生まれることはない。

しかし、生長の家青年会は、昭和23年3月27日〜28日に開催された「第1回全国大会」で、高らかに青年会の「宣言」を発表した。

「吾等は人間神の子の実相を自己及び兄弟同胞たる隣人の総《あら》ゆる階層に実現し、智慧《ちえ》と愛と生命と供給とに充ち溢《あふ》れたる大和日本の理念を如実に顕現せしめ、以て世界平和を樹立し万民の祝福し合う地上天国を招来せんとするものである」(『生長の家五十年史』377頁)

ところが、その5月、谷口雅春先生は「公職追放仮指定」を受け、「大和日本の理念」の文言が外れた。これが占領期の占領軍への配慮であったことは想像に難くない。そして以下のような宣言文となった。

「新しき世紀は『人間神の子、仏子なり』との人間宣言をもってその輝しき黎明《れいめい》を告げる。吾らは、現代の世界を暗黒にいろどる唯物的人間観の桎梏《しっこく》から真の人間なるものを解放せんとして、吾らの熱血と全身全霊を傾倒するものである。しかしてまた吾らは、人間神の子の実相を自己及び兄弟同胞たる隣人の総《あら》ゆる階層に実現し、智慧と生命と供給にみちあふれたる神の子の理想を如実に顕現せしめ、もって万民の祝福し合う神の国を実現せんとするものである」

ここに言う「神の国」とは「大和日本の理念」に他ならない。生長の家青年会は、戦後一貫して愛国青年の誇りを持って運動を展開してきた。それが平成27年の「改悪」によって、完全に終止符が打たれたのである。

総本山から「鎮護国家」が外され、青年会から「神の国」が外され、生長の家教団は祖国を棄て、どこを目指すとも知れない闇の中を漂う無目的な存在に成り下がったのである。

5　龍宮住吉本宮の変質

谷口雅宣氏は、谷口雅春先生の畢生《ひっせい》の大事業であった総本山・龍宮住吉本宮建立を総否定する意図で、信徒の認識を変えるべく、これまで着々と準備を重ね、用意周到な発言を繰り返してきた。

ここではその大要を取り上げ、その発言がいかに事実と違う大ウソであるか。そして、その発言が、谷口雅春先生の唯神実相哲学とは似ても似つかぬほど非真理なるものであるかを明らかにしてゆく。

①総本山は聖地ではない！

平成23年6月17日、谷口雅宣氏は自身のブログで、「生長の家では現象に聖地があるとは教えません」「総本山も聖地と言わないでください」と驚くべき発言をし、信徒に大きな衝撃を与えて、総本山否定の狼煙《のろし》をあげた。

　この発言は、谷口雅春先生が総本山について語ってこられた「聖地」発言の事実とは、全く相反するものであった。いくつかの例を挙げる。

①「わたしはちかいうちに、九州別格本山の八十万坪の**聖地**に、護国の神霊住吉大神の神殿を建立する準備のために移住する」（『理想世界』昭和49年12月号）

②「嘗《かつ》て、天より霊杵《れいき》天降りしと伝うるところの筑紫《つくし》の西彼杵郡《にしそのぎぐん》、大神平《おおかみだいら》の**聖地**に身を浄め心を浄め奉りて、住吉大神の舎殿をしつらえ」（「住吉大神の分身分霊として聖使命を拝受する祈り」）

③「われらが祖神の神にます住吉大神、現世に出でまし給いて大神の灼熱の霊威もて悉の曲事《まがごと》、たわけを神直日《かむなおひ》大直日《おおなおひ》に祓い清め給わんことを、と、ここに火（肥）の国は彼杵《そのぎ》の

郡《こおり》、その御名も由々しく神さびませる大神平を**現世の聖き神床《かむどこ》**と斎い定めまうしぬ」(「龍宮住吉本宮・鎮護国家出龍宮顕斎殿上棟祭斎主祝詞」)

谷口雅宣氏のような浅薄な理解で、果たして生長の家の人類光明化運動が成り立つのであろうか。生長の家の七つの光明宣言には「相愛協力の天国を地上に建設せんがために実際運動を起こす」と明記されているが、「相愛協力の地上天国」とは一般にいう「聖地」ではないのか。谷口雅宣氏は、生長の家は「現象無」の教えだから、「現象に聖はない」と言いたいのだろうが、「現象無」の中に「聖が顕現する」という、より一層深遠な教えを理解していない。これでは「この世に実相世界を顕現する」ための「人類光明化運動」そのものの否定に繋《つな》がるだけである。

こうして、まず信徒の総本山に対する認識に一撃を与えたあと、次に第二撃を加える。それが「鎮護国家」の言葉の抹殺である。

②「鎮護国家」を否定し、「世界平和」へ!

谷口雅宣氏は、この「鎮護国家否定」を次のように説明している。

「総本山建立当時の世界は米ソの冷戦時代であり、各国が軍備を増強し、自国の平和維持を目指した。そのため、生長の家は日本を護るため、『鎮護国家』を前面に出し日本の危機を乗り越えようとしたが、今日の世界は、世界平和に目を背けて日本だけの武力増強で日本の平和や繁栄を実現することは不可能である。従って、『鎮護国家』という言葉を撤回し、『世界平和』を全面に出さなければならない」(要約)

谷口雅宣氏は、自説の正当性を谷口雅春先生のご文章をねじまげて取り込む。これもその一例である。これを牽強付会《けんきょうふかい》と言わずして何と言おうか。

谷口雅春先生は、昭和53年11月21日の住吉本宮鎮座祭で、信徒に対して次のように語られた。

「鎮護国家、国家を鎮《しず》め護る、国家の安泰を護る、その目的であの住吉本宮というものを建てるわけであって、吾々個人が御利益《ごりやく》を得るために建てるのではないのです。龍宮から住之江大神の御出御を願って、この世界を浄化して頂いて、天照大御神の御光を六合《りくごう》に照り徹《とお》らして頂く道を開いて頂き、日本国家を千万年安泰にする霊的礎を築くために建立する住吉大神本宮であって、吾々個人が御利益《ごりやく》を貰《もら》うために拝むという、そんなお宮ではないのです。端的にいえば、鎮護国家を目的とするお宮であって住吉大神の御出御をお願いするための社である。それが〝龍宮住吉本宮〟であります」(「聖使命」新聞、昭和57年12月号)

ここまではっきりと、総本山は「鎮護国家」のために建立されたのである、と述べられているのである。これが「建立の根本義」であり、何人《なんぴと》といえども勝手に改変することは絶対に許されないことである。

加えて言えば、谷口雅宣氏は国際関係の認識も間違っている。アメリカとソ連による米ソ冷戦構造時代こそ自国の軍備をさほど必要とはしなかったのである。簡単に言えば、アメリカは自由主義陣営を守るために日本を守った。そのために、旧日本社会党が脳天気に「非武装中立」などの寝言を言えるほどに、日本は軍備に無関心でいられたのである。日本が戦後70年間、平和を保ち得たのは日本国憲法第9条の軍事力放棄の思想によるのではない。端的にアメリカの軍事力によるアメリカの庇護の御蔭であった。

しかし、ソ連の崩壊によって冷戦構造が消滅し、新たな国際関係が出現した。局地紛争が多発し、テロが横行し、極東情勢も中国・北朝鮮の台頭で世界は混迷を深めている。もはや日本はアメリカへの甘え、依存が許されない状況に立ち至っていることは、さほどの説明も要さないであろう。

谷口雅宣氏の方こそ、「米ソ冷戦崩壊」後の世界状況にまったく無知のままである。しかし、谷口雅宣氏の単なる無知でないとしたら、事態は一層ゆゆしきことになる。それは、一昔前の空想的左翼思想に基づき、隠された目的達成のための意図的なプロパガンダであるとしたら、生長の家信徒全員は崖から奈落の底に突き落とされることになるだろう。これが単なる取り越し苦労でないことは、平成28年7月の「日本共産党支持」の声明によって、いやが上にも現実味を増しているのである。

③「天孫降臨皇御国成就燈」解釈の改竄《かいざん》

平成24年11月22日の谷口雅宣氏のブログには次のようにある。

「『天孫降臨《てんそんこうりん》皇御《すめらみ》国《くに》成就燈《じょうじゅとう》』の…正しい解釈をこれからお話ししましょう。この名前は一見、現実の日本国の国威《こくい》発揚《はつよう》を願った燈台のように思われます」

「『スメラミクニ』という言葉からは、天皇主権の日本国家の実現を願った燈台のようにも解釈できます」

「先生が私たちに託された願いは、『天の下ことごとくに神の御心が満ちひろがる世界が来ること』です。『日本に天皇制国家を樹立する』などと解釈するとは、全くの誤りであります」

「一見」すれば、「国威発揚」を願い、「日本に天皇制国家を樹立」し、「天皇主権の日本国家の実現」の意図があると誤解するかも知れないが、それは「全くの誤り」であって、本当は「天の下ことごとくに神の御心が満ちひろがる世界が来ること」を願った、と谷口雅宣氏はいうのである。

これは谷口雅宣氏が常に使う「谷口雅春先生批判」の常套的手法である。先ず谷口雅春先生の言葉を取り上げ、その言葉の意味するところを、あえて左翼陣営が愛国者を攻撃するときに使う言葉を多用して、ありもしない危険思想を谷口雅春先生が述べているかの如き印象を読者に与える。しかも、実は、谷口雅宣氏は本気で谷口雅春先生を危険な「右翼思想家」と思っている。それをストレートに公言すれば、さすがに信徒は怒り出すであろうから、それを言外に匂わせながら暗示を与えるにとどめる。そうしておいて、谷口雅宣氏は、それらの言葉を自分の左翼的意味合いを込めた言葉に置き換え、全体を谷口雅春先生の教えとまったく別ものに仕立て上げるのである。これを換骨奪胎と言わずして何であろうか。

そして、谷口雅宣氏の結論は、「天孫降臨《てんそんこうりん》皇御国《すめらみくに》成就燈《じょうじゅとう》」は「天の下ことごとくに神の御心が満ち広がる世界が来ること」であるとするが、ここには「日本」がまったく存在しない。しかし、それは即ち「中心帰一の神国の構図」の現象的顕現である国家・日本なのである。否、日本しかないのである。これは、谷口雅春先生の聖典に親しむものにとっては明らかなことである。しかし、谷口雅宣氏は「神の御心」と「日本」を切り離す。「日本」を否定する谷口雅宣氏は、だから観念的な、空想的な、左翼思想的な「世界平和」しか語れないのである。

参考に、谷口雅春先生の「天皇国日本」について掲げておく。

「天皇と云《い》う天授の主権者（天孫降臨・永遠不滅）のあらわれにまします日本国家は、天授であるから滅びるということがないのである。教育勅語に『皇祖皇宗国を肇《はじ》むること高遠に徳を樹《た》つること深厚《しんこう》なり』と明治天皇は仰せられた。高遠なる世界即ち実相世界の徳を天授としてそれが天降り給いて皇祖《こうそ》天照大御神《あまてらすおおみかみ》地上に天降りまして、『天孫降臨』となったのである。天孫降臨とは地上に天国の種子天降って、根を張り幹が伸びつつあることである。天孫とは天照大御神の皇御孫《すめみま》(すめみ真子《まこ》・マコトの御生命)うるわしく地上に生々の気を延ばし給うことである。それは本当に、実在する天国の降下であるから滅びることはないのである。神国不滅、天皇国不滅である」(「聖使命」新聞、昭和57年1月号)

④「龍宮住吉本宮」の「ご祭神」変更

平成26年11月21日、谷口雅宣氏は秋季大祭に於いて、龍宮住吉本宮に造化の三神(天之御中主神・高御産巣日神・神産巣日神)を合祀した。

このことの意味は決定的である。谷口雅宣氏は、ついに生長の家を主宰する住吉大神にまで手を伸ばし、否定する暴挙に出たのである。

果たして、平成26年の一年間、総本山で何が起きたのかを俯瞰《ふかん》しておく。

○3月1日「立教記念式典」において「實相」額が白い幕で隠される。出龍宮顕斎殿が土足履きにされる。「国旗」「聖旗」がない(その代わりに国際平和信仰運動のシンボルマーク「鳩葉っぱ」を壇上に飾る)。「国歌斉唱」のない前代未聞の式典となる。
○4月3日　「神武天皇陵遥拝式」後の「大日本神国観」を廃し、「基本的神想観」の実修に変更する。そして5月以降、すべての「神示祭」がなくなる。
○9月27日　「大調和の神示祭」がなくなる。手水舎の「鎮護国家」が消え、「世界平和」に書き換えられる。
○11月21日　「ご祭神」が変更となり、あわせて「宇宙浄化の祈り」もなくなる。

この一連の流れの中で、消されたものは、何かを列挙してみると、「『實相』額」「国旗」「国歌」「聖旗」「大日本神国観」「神示祭(大調和の神示祭)」「鎮護国家」「宇宙浄化の祈り」であり、その最後の仕上げが「住吉本宮無化・住吉大神無化」だったのである。

本当は、谷口雅宣氏は、「住吉本宮」自体を抹殺したかったはずである。しかし、これを実際に行えば、当然、信徒の抵抗も大きいに違いない。そこで、次善の策として、「ご祭神」の「抹殺」ではなく、「ご祭神の合祀」という戦略を取った。それによって、先ず「住吉大神」を「ご祭神」の一つとして相対化し、そのうち時間をかけて「住吉大神」を無化して行く。そのための〝造化の三神〟の導入であったということである。その証拠に、毎月の聖使命会感謝奉納祭の祝詞から「住吉大神」が外された。

⑤生長の家大神は住吉大神である

谷口雅宣氏は自分の思惑のみで、勝手に自由に神様を操った。この驚くべき感覚、傲慢さは「神をも畏《おそ》れぬ所業」であるが、谷口雅春先生の教えをまったく知らない無知からくる稚戯でもある。

周知の如く、谷口雅春先生の「教え」は神さまから天降った「啓示＝神示」に基づいている。その神様が、後に「住吉大神」であることが明確になり、そのお働きが「鎮護国家」であったからこそ、谷口雅春先生はそのご使命に従い、いわゆる「愛国運動」に挺身なさり、最晩年は「住吉大神」をお祭りする総本山のご造営に全精力を傾注されたのであった。

最期の御署名「昭和六十年五月二十八日　著者谷口雅春識す」との写真版が納められた聖典『實相と現象』には、「生長の家大神とは住吉大神である」と小見出しを付して、次のように説かれている。

「この生長の家大神とは誰方《どなた》であるかと言いますとこれは阪神間の本住吉神社《もとすみよしじんじゃ》にお祀りしてあるところの住吉大神《すみのえのおおかみ》であられまして、『古事記』に、天照大御神様《あまてらすおおみかみさま》がお生れになるに先立って、此の大宇宙浄めの神として、水と塩（霊）とを以って浄め給うところの龍宮海の神様として知られたところの上筒之男神《うわつつのおのかみ》、中筒之男神《なかつつのおのかみ》、底筒之男神《そこつつのおのかみ》と言われる三柱の神様を一体に総称して、住吉大神《すみのえのおおかみ》（俗称すみよしの大神）と申しているのであります。」（32頁）

⑥谷口雅春先生の教えは〝入龍宮〟と〝出龍宮〟の教えである

谷口雅春先生の教えは「実相独在・現象なし」の教えであるが、別の言葉で言えば、〝「入龍宮・出龍宮」の教え〟でもある。〝龍宮〟とは〝生みの底〟であり、「実相世界」であり、その美しさは「入龍宮不可思議境涯の祈り」であざやかに描写されている。

谷口雅春先生は、『生命の實相』自伝篇にある神の啓示によって「生長の家」を創始され、ご昇天四日前の昭和60年6月13日に発せれた最後のお言葉「病無し、迷《まよい》無し、罪無し、これが生長の家の根本真理であります」に至る約55年の間、一貫してこの真理を説き続けてこられた。そして、私たちに、〝龍宮界〟即ち「実相世界」に深く沈み、超入する道を指し示され、無数の病める、悩める人々を救い続けてこられたのである。

神想観、聖経読誦、聖典拝読という〝目無堅間《めなしかつま》の小船《おぶね》〟に乗って、〝生みの底〟である〝龍宮世界〟に到り着き、そこで〝如意宝珠〟を得て、この現象世界に立ち戻り、この珠《たま》を用いて現象世界を意のままに操り、人生の勝利者の道を歩むことができることは、無数の体験者が証《あかし》してきたことである。

この各個人の「行」を通して「実相世界＝龍宮世界」に到る道は、「求道」の道であり、それが即ち〝入龍宮〟である。谷口雅春先生はその象徴として宇治別格本山に「入龍宮幽斎殿」を建立された。

「幽斎とは形式を通して神を礼拝するところの顕斎に対する語である。すなわち魂を鎮《しず》めて神と一体なることを期する神想観を厳修する幽斎のことである。入龍宮とは〝生みの底〟即ち創造の根底の世界であり実相世界であり、神想観によって、本来無病無苦無争の実相世界に入ることを〝入龍宮〟というのである」と谷口雅春先生は述べられている。

しかし、これは「生長の家」出現の使命の半分である。もう半分の使命は〝出龍宮〟である。〝出龍宮〟とは〝浄化〟ということであり、浄化の神様であられる住吉大神様は〝現象界の浄化〟を願われ、谷口雅春先生を通して動き出された。〝現象界の浄化〟とは、宇宙の浄化、人類の浄化、日本国の浄化、そして個々人の浄化を意味する。

谷口雅春先生に導かれ、私たちが龍宮界で得たものは、〝如意宝珠〟だけではない。住吉大神の〝霊〟が賦与《ふよ》され、その分身分霊となって現象界に戻り、「浄化」即ち「救い」の使命を託されたのである。それが個人個人の「伝道」であり、「日本国実相顕現運動」であり、「人類光明化運動」であり、宇宙浄化である。その担い手が私たちであるということである。だから､谷口雅春先生は「パテントは諸君に譲られた」と言われたのである。

谷口雅春先生の教えとは、各個人が真理を悟ること即ち「入龍宮」と、その真理を宣布し現象界を浄化すること、即ち「出龍宮」とが連動して円環をなし、「静」と「動」のダイナミックな動きの中で、躍動感溢れる「住吉大神の生命運動」でもある。

もちろん、この「生長の家」の使命の全貌は谷口雅春先生が最初に啓示を受けたときより開示しておられたであろうが、現象界に実際にそのすべてを顕現させるには、立教より48年の時間的経過が必要だったのである。しかし昭和46年の「入龍宮幽斎殿」建立の時に既に「顕斎」の動きは始まっていた。そして「入龍宮幽斎殿」建立より7年後の昭和53年に「出龍宮」の象徴としての「龍宮住吉本宮・出龍宮顕斎殿」は建立された。そして、その7年後に、谷口雅春先生はこの世のすべてのご使命を完遂《かんすい》されて、神界にご帰幽《きゆう》になったのである。

以上のごとく、「生長の家」の教えと「救い・浄化」の実際運動は、住吉大神が谷口雅春先生を通して起こされたものであり、「入龍宮幽斎殿」と「龍宮住吉本宮・出龍宮顕斎殿」とは二つ揃って一つなのである。

このことに思いを致すとき、「龍宮住吉本宮」に他の神々をお迎えすることなどは、生長の家そのものの自己否定であり、住吉大神の御使命への反逆に他ならない。

しかし、谷口雅宣氏は、谷口雅春先生の生涯の結晶たる総本山・龍宮住吉本宮の本質であり、魂というべきものを形骸化してきた。つまり、生長の家の大神である住吉大神の宇宙浄化の使命を闇に葬り、そして、生長の家出現の意義である、日本を日本たらしめる〝天皇信仰〟を骨抜きにしようとしてきたのである。

6 連続する裁判問題

谷口雅宣氏は裁判好きである。平成14年から始まった種々の裁判は、平成28年の現在まで、延々と14年間にわたって繰り広げられている。そのすべての裁判が、和解で決着した二件を除き、最高裁まで争われている。教団・日本教文社・世界聖典普及協会のいわゆる「教団グループ」に対する相手は、宮澤潔氏・蔡焜燦氏・公益財団法人生長の家社会事業団・株式会社光明思想社・「谷口雅春先生を学ぶ会」である。

すべては、谷口雅宣氏が指示する教団グループの非常識で横暴な行為が原因で引き起こされた裁判ばかりである。宮澤潔氏と教団との裁判などは、退職した宮澤潔氏に払うべき退職金を支払わなかったことが原因である。この裁判などは実にみっともない、低レベルの裁判であり、とても大教団が最高裁まで争うような裁判ではない。

また、内容的には教えの根幹に触れる重大な内容を持つ『生命の實相』・聖経の著作権を巡る裁判も、素人目にも明らかに、どちらが著作権を有するかは分かり切ったことであるにもかかわらず、教団の強引な理屈で最高裁まで争い、惨敗した。

教団グループは、一審、二審で裁判を降りた場合、自ら敗北を認めたことになる。だから、負けを覚悟で最高裁まで持って行き、結果を裁判所の責任として自らの無謬性《むびゅうせい》を信徒に訴えるためであったとしか言いようがない。そのようにして、四つの裁判が最高裁で教団側の惨敗となり、一つの裁判が最高裁の結審待ち、二つの裁判も今後、最高裁に行くことになるだろう。

次に九つの裁判の内容について略記する。

①『台湾人と日本精神』出版停止裁判

平成12年に日本教文社から出版された蔡焜燦著『台湾人と日本精神』は、７ヵ月後の平成13年３月、日本教文社取締役会で、谷口雅宣社外取締役が突然出版停止にさせたもので、当時書店に出回っている本まで回収させた。著者である蔡焜燦氏は東京地裁に提訴したが敗訴し、高裁に控訴した。高裁は和解案を提案し、内容が日本教文社の謝罪広告に及んでいたため、原告が受け入れた。後日、産経新聞、教団機関誌等に謝罪広告が掲載された。

②宮澤潔氏退職金裁判

宮澤潔氏は平成14年７月に教団の本部職員を依願退職したが、教団は退職を認めず懲戒解雇としたため、退職金は支払われなかった。そのため、宮澤氏は東京地裁に提訴し、宮澤氏が地裁、高裁、最高裁ともに勝訴し、延滞金を含めた退職金が支払われた。

③オーストラリア生長の家独立裁判

宮澤潔氏は退職直後、オーストラリア生長の家法人の独立を宣言した。日本の宗教法人

「生長の家」は、現地オーストラリアで裁判を起こし、オーストラリア生長の家に対して、日本からの借入金の期限を繰り上げ即時返済を求めるなどしたが、裁判所が和解を斡旋し、オーストラリア法人が「生長の家」の名称の不使用を受け入れたため、和解が成立した。

④『生命の實相』等の著作権裁判

平成21年、日本教文社が『生命の實相』（初版復刻版）『久遠の實在』の印税を財団法人生長の家社会事業団に支払っていなかったことが発覚したため、同事業団は日本教文社に支払いを求めたところ、日本教文社及び教団は生長の家社会事業団が著作権者であることを否定するとともに、株式会社光明思想社からの『古事記と日本国の世界的使命（生命の實相神道篇）』等の出版禁止を求めて訴訟を起こしたが、平成25年5月27日、最高裁判所において、教団と株式会社日本教文社のすべての訴えがことごとく棄却され、公益財団法人生長の家社会事業団・株式会社光明思想社の全面勝訴の判決が確定した。

⑤世界聖典普及協会の『甘露の法雨』テープ訴訟

平成23年11月17日、生長の家社会事業団は、世界聖典普及協会製作の『甘露の法雨』のカセットテープの印税未払に対して、東京地方裁判所に民事訴訟を起こした。これに対して、平成28年３月10日、最高裁判所において、生長の家社会事業団の全面勝訴が確定した。

⑥日本教文社の蒸し返し訴訟

平成25年２月25日、地裁、高裁で④事件につき敗訴した日本教文社が、公益財団法人生長の家社会事業団に対して蒸し返しの訴訟を東京地裁に起こした。生長の家社会事業団から印税不払等のため破棄された出版契約が有効であることの確認を求めた。これに対して、東京地裁、知財高裁とも日本教文社の主張を全面否定し、平成28年３月15日の最高裁判所の上告却下により、最終的に日本教文社から『生命の實相』『甘露の法雨』等が出版されないことが確定した。

⑦教団による「實相」軸、光輪卍十字架のマークの商標登録裁判

教団は、「實相」と「光輪卍十字架図」の二者を商標登録（娯楽施設の提供、香水類、たこやき等の商標として）を申請し、特許庁はこれを受理した。その登録前に、教団は「谷口雅春先生を学ぶ会」に対し、「商標登録をしたので、谷口雅春先生を学ぶ会には両者の使用を認めない」との内容証明での通告文を送付した。これに対し、「谷口雅春先生を学ぶ会」は特許庁に対し、無効審判請求（通常の一審裁判に相当）を行ったが、形式的な判断しかせず、商標として認めてしまった。「谷口雅春先生を学ぶ会」は知財高裁に控訴。公益財団法人生長の家社会事業団の補助参加が認められて平成28年8月9日判決で、教団は「谷口雅春先生を学ぶ会」等の宗教上の利用を止めることはできないと示された。

⑧お守り『甘露の法雨』裁判

宗教法人「生長の家」は、従来から著作権者である生長の家社会事業団との間で結ばれていた「お守り」の無償許諾の覚書によって発行し続けていたが、生長の家社会事業団が公益財団法人に移行するため法令上の制約があること及び教団による信頼関係の破壊を受けて、平成23年12月、無償許諾覚書の失効を通知した。しかし、教団はこれを無視し、新たにお守りを無断作成し続けていた。このため、生長の家社会事業団は東京地裁に提訴し、一審で勝訴した。教団は控訴し、知財高裁は「両者の信頼関係は完全には崩れていない」なる判決を下し、教団の勝訴とした。このため、生長の家社会事業団は上告し、現在最高裁で審理中である。

⑨『万物調和六章経』の無断掲載裁判

谷口雅宣氏の著作『万物調和六章経』のなかに、生長の家社会事業団が著作権を有する『生命の實相』巻頭の「大調和の神示」が無断転載されており、これに対して生長の家社会事業団が東京地裁に提訴。現在、地裁にて係争中。

「生長の家」教団の平成30年史

——なぜ三代目総裁は教えを改竄《かいざん》したのか——

初版発行——平成28年9月10日

編著者———「生長の家」正史編纂委員会

発行者———白水春人

発行所———株式会社光明思想社
〒103-0004
東京都中央区東日本橋2-27-9　初音森ビル10F
TEL 03-5829-6581　Fax 03-5829-6582
郵便振替 00120-6-503028

装　幀———株式会社オフィスエム

本文組版———メディア・コパン

印刷・製本——株式会社ダイトー

ISBN978-4-904414-47-7